Kennst du das Land

Kennst du das Land

Die hundert schönsten Italien-Gedichte

Herausgegeben von Hansjürgen Blinn

Aufbau-Verlag

ISBN 3-351-02966-7

1. Auflage 2003

Einbandgestaltung Ute Henkel / Torsten Lemme
Typographie Peter Birmele
Druck und Binden Clausen & Bosse, Leck
Printed in Germany

www.aufbau-verlag.de

Inhalt

Prolog

Von den Alpen nach Venedig

Von Venedig über Mailand in die Toscana

Latium und Rom

Neapel und der Süden

Epilog

Anhang

Für
Christa
Michaela
Oliver

Prolog

Ich möchte nach Italien, ich möchte so gern reisen, die Sehnsucht ist gar zu groß.

Achim von Arnim

Kennst du das Land, wo die Zitronen blühn,
Im dunkeln Laub die Goldorangen glühn,
Ein sanfter Wind vom blauen Himmel weht,
Die Myrte still und hoch der Lorbeer steht,
Kennst du es wohl?
Dahin! Dahin
Möcht ich mit dir, o mein Geliebter, ziehn.

Kennst du das Haus? Auf Säulen ruht sein Dach,
Es glänzt der Saal, es schimmert das Gemach,
Und Marmorbilder stehn und sehn mich an:
Was hat man dir, du armes Kind, getan?
Kennst du es wohl?
Dahin! Dahin
Möcht ich mit dir, o mein Beschützer, ziehn.

Kennst du den Berg und seinen Wolkensteg?
Das Maultier sucht im Nebel seinen Weg;
In Höhlen wohnt der Drachen alte Brut;
Es stürzt der Fels und über ihn die Flut,
Kennst du ihn wohl?
Dahin! Dahin
Geht unser Weg! o Vater, laß uns ziehn!

Johann Wolfgang Goethe

Von den Alpen nach Venedig

Venedig

Plump und zu bunt ist Rom, und Neapel ein Haufe von Häusern;
  Aber Venedig erscheint eine vollendete Stadt.

August von Platen

März. Brief nach Meran

Blüht nicht zu früh, ach blüht erst, wenn ich komme,
dann sprüht erst euer Meer und euren Schaum,
Mandeln, Forsythien, unzerspaltene Sonne –
dem Tal den Schimmer und dem Ich den Traum.

Ich, kaum verzweigt, im Tiefen unverbunden,
Ich, ohne Wesen, doch auch ohne Schein,
meistens im Überfall von Trauerstunden,
es hat schon seinen Namen überwunden,
nur manchmal fällt er ihm noch flüchtig ein.

So hin und her – ach blüht erst, wenn ich komme,
ich suche so und finde keinen Rat,
daß einmal noch das Reich, das Glück, das fromme,
der abgeschlossenen Erfüllung naht.

Gottfried Benn

Mondnacht über Meran

Die Geisterstadt ... Als wie ein Teppichbild,
daran ein Träumer jahrelang gewebt,
so steht sie da im Mondenduft und lebt,
ein ganz zu Traum verflüchtigt Erdgefild.

Und drüber seidet Allblau dämmermild,
von Sternen-Kinderaugen scheu durchstrebt.
Und jetzo! Mitternacht! Der Äther bebt,
als rührte Geistergruß an einen Schild.

Ein Traumbild, – leichtlich tausenden gesellt
auf einer Göttin Brünnenüberhang,
die schimmernd steht auf Speer und Schild gelehnt ...

Und eben war's, daß dieser zwölfmal klang:
Gott grüßt im Traume seine Göttin Welt,
die sich nach Ihm, wie er nach Ihr sich, sehnt.

Christian Morgenstern

Auf Tour

In diesen hartnäckigen Gebirgen
fuhr ich umher. Der Dolomit.
Gnadenlos steiler Fels.
Der Menschen Feind
wird von ihnen verehrt.
Sich gering fühlen wie vor Gott,
vor seinem starren Ersatz.
Weil wir den Ebenen gleichen,
lieben wir immerdar
die Erniedrigung.

Günter Kunert

Malcesine

Im nächtigen Gäßchen, winklig, steil gestuft,
atmet ein Fenster rotes, warmes Licht
gleich einem offnen Mund, der uns nach Hause ruft.

Da leuchtet aus dem Finstern ein Gesicht,
da trällert eine leise vor sich hin,
wozu ihr Schritt den Text des Liedes spricht.

Uralte junge Wasserträgerin!
Zwei Kupferkessel schweben um sie her,
goldrotes Ampelpaar um eine Tänzerin.

Schlägt an die Mauer nicht das Meer?
Im schwarzen Wasser schwimmt ein wildes Rot.
Die Fischerbarken sind von Träumen schwer.

O Lockung, die aus fremden Augen droht,
o Lächeln, das die feuchten Lippen teilt,
viel wissend um die Liebe und den Tod

und daß der Tod allein von Liebe heilt.

Josef Leitgeb

An Sirmio
(Catulls Ode)

Kaum glaub ich's noch! Catull, du bist daheim!
Daheim auf deinem lieben Sirmio!
Oh Sirmio, Sirmio, Kronjuwel Neptuns!
In allen Meeren, Strömen, Seen sucht
Deingleichen man umsonst: Kein Vorgebirg,
kein Halbeiland, kein Eiland kommt dir gleich!
Wie gern bin ich zu dir zurück geeilt!
Wie schön, die Sorg und all den fremden Kram,
der mir nichts ist, im Rücken weit, weit, weit,
am eignen Tisch, im eignen Bett zu ruhn!
Das ist doch noch ein Lohn nach so viel Plag!
Mein Zauber-Sirmio, freust du dich denn auch?
Und du, mein See, brandest du mir Willkomm?
Ja, alles lacht und ruft: Catull ist da!

Christian Morgenstern

Verona

Und so entläßt dich, wie sie dich empfangen,
Italiens schöne Tochter an der Schwelle,
Auf daß nach ihrer Mutter Sonnenhelle
Du sehnlich immer müssest heimverlangen.

All ihre Lieblichkeit und stolzes Prangen
Grüßt dich noch einmal aus des Stromes Welle;
Was dir der Süden bot, an dieser Stelle
Ist's wie im Auszug dir vorbeigegangen.

Amphitheater, Dom, Arkaden, Plätze
Voll Marktgewühls und ausgelaßner Schreier,
Ja ein Triumphtor selbst ward nicht vergessen;

Der Mal- und Bildkunst unerschöpfte Schätze,
Glutaugen, leuchtend unter schwarzem Schleier,
Und jenes Giusti-Gartens Prachtzypressen.

Paul Heyse

Die Arena

Wundervolles Prachtgebäu,
Das in herrlicher Vollendung,
Edlen Ebenmaßes, leichter Schönheit
Groß und würdig den Zeitläuften trotzt.
Als wärst du ewig,
So fest, gediegen, dir selbst genug.

Wie die Harmonie des Werkes
Mich erhebt und froh befriedigt,
Muß ich still doch in Verwundrung
Jene alte Zeit bedenken,
Da es Sitte und Bedürfnis war,
Wilde Tiere, Gladiatoren,
Sich im wilden Kampf zerfleischen
Und ihr Blut vermischt zu sehn,
In so edlem Gefäße fließen.

Und wir!
Sind bei uns nicht auch die Bühnen
Schon von Fürst und Staat geschützt,
Aufgetürmt und kostbar reich?
Zwar nur Schatten dieser Pracht,
Aber wie viel Leinwand, reich bemalt,
Seidenzeug und Gold und Flitter, –
Um die Armut
Unsers Lebens
Abgespiegelt dort zu sehn.
Ist der Römer uns zu grausam,
Sind wir ihm gewiß zu kindisch,

Wenn er Blut in Freuden fließen sah,
Rinnt uns schwächlich Trän' auf Träne,
Über wenig, über gar nichts,
Und wir nennen uns gebildet.

Ludwig Tieck

Padua

Fast eine deutsche Stadt, so eng gebaut,
Gassen und Giebel dämmerig vertraut.

Hier möcht ich Stunden, Tage, Wochen viel
Verträumen und verschlendern ohne Ziel.

Hier möcht ich sorgenlos an schöner Brust
Vertändeln einer leichten Liebe Lust.

Hier möcht ich bleiben – wäre drüben nicht
Ostwärts die freie Luft so seltsam licht.

Dort weiß ich warten zauberhaft und hell
Mein Ziel – Venedig! Und ich reise schnell.

Hermann Hesse

XIX

Dies Labyrinth von Brücken und von Gassen,
Die tausendfach sich ineinander schlingen,
Wie wird hindurchzugehn mir je gelingen?
Wie werd' ich je dies große Rätsel fassen?

Ersteigend erst des Markusturms Terrassen,
Vermag ich vorwärts mit dem Blick zu dringen,
Und aus den Wundern, welche mich umringen,
Entsteht ein Bild, es teilen sich die Massen.

Ich grüße dort den Ozean, den blauen,
Und hier die Alpen, die im weiten Bogen
Auf die Laguneninseln niederschauen.

Und sieh! da kam ein mut'ges Volk gezogen,
Paläste sich und Tempel sich zu bauen
Auf Eichenpfähle mitten in die Wogen.

August von Platen

XX

Wie lieblich ist's, wenn sich der Tag verkühlet,
Hinaus zu sehn, wo Schiff und Gondel schweben,
Wenn die Lagune, ruhig, spiegeleben,
In sich verfließt, Venedig sanft umspület!

In's Innre wieder dann gezogen fühlet
Das Auge sich, wo nach den Wolken streben
Palast und Kirche, wo ein lautes Leben
Auf allen Stufen des Rialto wühlet.

Ein frohes Völkchen lieber Müßiggänger,
Es schwärmt umher, es läßt durch nichts sich stören,
Und stört auch niemals einen Grillenfänger.

Des Abends sammelt sich's zu ganzen Chören,
Denn auf dem Markusplatze will's den Sänger
Und den Erzähler auf der Riva hören.

August von Platen

Venedig

Wie ein verwirklichter Traum begrüßt dich das bunte
Venedig,
Wenn du es flüchtig durchschiffst: nicht die versunkene
Stadt
Glaubst du vor dir zu sehen, von welcher die Dichter
erzählen,
Diese dünkt dir im Meer gleich von Tritonen erbaut,
Und du taumelst dahin, wie unter Korallen und Muscheln,
Und verwunderst dich nur, daß dich die Flut nicht ereilt.
Alles Übrige paßt hinein in den Rahmen: der Doge,
Der sich den Wellen vermählt, und das vermummte
Gericht,
Ja die Brücke der Seufzer, erscheinen dir hier so natürlich,
Wie in des Ozeans Nacht Fische mit Sägen im Haupt.
Laß dir aber vom Führer berichten, wie Alles entstanden,
Und das phantastische Bild lös't in Vernunft sich dir auf!

Friedrich Hebbel

Auf dem Canal grande

Auf dem Canal grande betten
Tief sich ein die Abendschatten,
Hundert dunkle Gondeln gleiten
Als ein flüsterndes Geheimnis.

Aber zwischen zwei Palästen
Glüht herein die Abendsonne,
Flammend wirft sie einen grellen
Breiten Streifen auf die Gondeln.

In dem purpurroten Lichte
Laute Stimmen, hell Gelächter,
Überredende Gebärden
Und das frevle Spiel der Augen.

Eine kurze, kleine Strecke
Treibt das Leben leidenschaftlich
Und erlischt im Schatten drüben
Als ein unverständlich Murmeln.

Conrad Ferdinand Meyer

An der Brücke stand
jüngst ich in brauner Nacht.
Fernher kam Gesang;
goldener Tropfen quolls
über die zitternde Fläche weg.
Gondeln, Lichter, Musik –
Trunken schwamms in die Dämmrung
hinaus …

Meine Seele, ein Saitenspiel,
sang sich, unsichtbar berührt,
heimlich ein Gondellied dazu,
zitternd vor bunter Seligkeit.
– Hörte jemand ihr zu?

Friedrich Nietzsche

San Marco
Venedig

In diesem Innern, das wie ausgehöhlt
sich wölbt und wendet in den goldnen Smalten,
rundkantig, glatt, mit Köstlichkeit geölt,
ward dieses Staates Dunkelheit gehalten

und heimlich aufgehäuft, als Gleichgewicht
des Lichtes, das in allen seinen Dingen
sich so vermehrte, daß sie fast vergingen –.
Und plötzlich zweifelst du: vergehn sie nicht?

und drängst zurück die harte Galerie,
die, wie ein Gang im Bergwerk, nah am Glanz
der Wölbung hängt; und du erkennst die heile

Helle des Ausblicks: aber irgendwie
wehmütig messend ihre müde Weile
am nahen Überstehn des Viergespanns.

Rainer Maria Rilke

Spätherbst in Venedig

Nun treibt die Stadt schon nicht mehr wie ein Köder,
der alle aufgetauchten Tage fängt.
Die gläsernen Paläste klingen spröder
an deinen Blick. Und aus den Gärten hängt

der Sommer wie ein Haufen Marionetten
kopfüber, müde, umgebracht.
Aber vom Grund aus alten Waldskeletten
steigt Willen auf: als sollte über Nacht

der General des Meeres die Galeeren
verdoppeln in dem wachen Arsenal,
um schon die nächste Morgenluft zu teeren

mit einer Flotte, welche ruderschlagend
sich drängt und jäh, mit allen Flaggen tagend,
den großen Wind hat, strahlend und fatal.

Rainer Maria Rilke

Siehst du die Stadt?

Siehst du die Stadt, wie sie da drüben ruht,
Sich flüsternd schmieget in das Kleid der Nacht?
Es gießt der Mond der Silberseide Flut
Auf sie herab in zauberischer Pracht.

Der laue Nachtwind weht ihr Atmen her,
So geisterhaft, verlöschend leisen Klang:
Sie weint im Traum, sie atmet tief und schwer,
Sie lispelt rätselvoll, verlockend bang …

Die dunkle Stadt, sie schläft im Herzen mein
Mit Glanz und Glut, mit qualvoll bunter Pracht:
Doch schmeichelnd schwebt um dich ihr Widerschein,
Gedämpft zum Flüstern, gleitend durch die Nacht.

Hugo von Hofmannsthal

Venedig I

Goldner Schmutz
Mosaik aus Palazzi und Wellen

St.-Markus-Platz:
Siamesisches Zwillingsviereck
im Taubenschaum badend

Alle Gondeln fassen nicht
den Körper deiner Unwirklichkeit
Alle Gondeln fassen nicht
deine Schwermut unter dem Süßsang

Leih mir den Glockenton deiner Gläser
Lehr mich das Latein deiner Zaubergassen
Schenk mir einen Strahl
vom Tintorettostern

Schläfe an Schläfe
mit dem medialen Mond
fliegen Kähne
ins Labyrinth
der Kanäle

Rose Ausländer

Venedig

Im Norden
Frieren die Götter.
Hier
Strahlt jeder Gauner: ein heisser Gott.

Seines Tempels Stufen
Steigen aus dem Canale grande.
Er opfert
Sein südliches Herz sich selbst.

Die Sbirren schleichen
Zur Dämmerung.
Am Himmel segelt
Eine Gondel.

Die Adria
Brandet an meine Brust.
Der Markusplatz
Tönt wie eine Harfe.

An vergitterten Fenstern,
An freigelassenen Menschen vorbei:
Auf einer weissen Piazza
Entfaltet sich wie eine rote Mantille dein Lächeln.

Ists Tag? So ist die Sonne,
Ists Nacht? So ist der Mond
Am Herzen
Aufgegangen.

Klabund

LXXII

»Wär ich ein häusliches Weib und hätte, was ich bedürfte,
Treu sein wollt ich und froh, herzen und küssen den Mann.«
So sang, unter andern gemeinen Liedern, ein Dirnchen
Mir in Venedig, und nie hört ich ein frömmer Gebet.

Johann Wolfgang Goethe

Ostern

Straußens Walzer auf San Marco,
komponiert in jenen Jahren,
da Venetien Wien gehörte.

Fiatflitzer, Pizzaesser
hagere Katzen, Filmkritiker
Lehrerinnen, schwule Briten
Inder, Sari, roter Turban
Nonnen, wegsehend, weil ein Terrier
stämmig einen Pudel stößt.

Dort Höchstselbst der Patriarch,
der bis eben fasten mußte,
stürmt vom Hochamt an die Tafel.

Früh im Dom, der Räuberhöhle
– was dort Kunst ist, ist gestohlen –,
glaubt man an die Auferstehung.
Die Piazza glaubt dem Umsatz,
den Muranos greller Glaskitsch
zweimal wöchentlich erzielt.

Rolf Hochhuth

Venedig

Als ob an ihren angefreßnen Pfählen
die Stadt mit letzter Kraft sich stützen wollte,
so taumeln die Paläste mit den Säulen
aus feuchtem Marmor steil zum Meer. Als rollte

ein großer Donner aus dem Grund der Erde,
der diese müde Stadt zum Sinken bringt.
Als steigen aus den Flüssen dunkle Pferde,
die alles niedertrampeln: und Venedig sinkt.

Und mit ihm sinken alle Illusionen
der großen Herrschaft einer kleinen Welt:
Galeeren, Filmfestspiele und Inquisitionen.
Das Spiel ist aus. Der Wasservorhang fällt.

Du träumst vielleicht und fährst in schwarzen Booten
noch einmal die vertanen Welten ab,
und du befreundest dich mit all den Toten,
die diese Stadt ins Meer gespien hat,

die steigen noch ein letztes Mal ins Leben
und feiern Feste, und mit festem Tritt
und dunklen Rufen lassen sie die Erde beben:
es ist soweit: Venedig sinkt, und du sinkst mit.

Konstantin Wecker

Von Venedig über Mailand in die Toscana

Die heissen Aufenthalte

Willst du verglühn zur Kohle, so rat ich im Sommer Florenz dir
Oder Bologna, wie auch Pisa, die sonnige Stadt.

August von Platen

Abschied von Venedig

Noch tief im Morgenschlummer ruht
Die Königin der Meeresflut,
Kaum hie und da ein Ruderschlag,
Der Gruß von einem Gondolier,
Der über Nacht zufrieden hier
    In seiner Barke lag,
    Verkündet schon den Tag.

Aus Nischen flackert hie und da
Ein Schimmer, dem Erlöschen nah,
Zuweilen schmettert wie im Traum,
Man weiß nicht wo, mit süßem Schall
Ihr letztes Lied die Nachtigall,
Zuweilen winkt ein Blütenbaum
    Von stiller Höfe Raum.

Lebwohl nun, stolze Stadt am Meer,
Von dir zu scheiden wird mir schwer;
Bei diesem Glas voll Sonnenglut,
Bei diesem Glas voll Malvasier,
Für manchen schönen Traum in dir
Hab' Dank, du Fee der Meeresflut –
Für jeden Blick, der mir gelacht
    Aus deiner Augen Nacht!

Hermann von Lingg

Chioggia

Wetterbraune, dichtgedrängte Fassaden,
Marienbilder in verborgenen Nischen,
Wasserspiegel und träge Gondeln dazwischen
Und breite Barken mit braunen Fischern beladen.
Überall aber, auf jeder bröckelnden Mauer,
In allen Gassen, auf Treppen und in Kanälen
Liegt eingeschlummert eine verzweifelte Trauer
Und will von vergangenen Zeiten erzählen.
Leise geh ich und mit verborgenem Schrecken
Über die Fliesen – ängstlich, ich möchte sie wecken.
Wenn sie erwachte! Ich könnte nimmer entrinnen!
Eilend schreit ich vorbei und suche den Hafen,
Suche das Meer und ein reisendes Schiff zu gewinnen.
Hinter mir zögern traurig die Gassen und schlafen.

Hermann Hesse

Ravenna

Tönern ruht die Kuppel: schweigend geht der Priester um.
Nur die silberne Gerätschaft singt
und mit aufgerißnen Augen sehn die Kinder zu
ob das Opfer ihm gelingt.

Von den Wänden glimmert farbig kalt das Mosaik:
Über Lilien und Pfauen geht
blaugestirnt, in der Sandale ein gelaßner Fuß,
und ein Purpurmantel weht,

Diadem und Aura. Doch ein Schatten färbt
unter weißem Lid ihr Auge fahl
und in kaiserlichen Händen unter dem Brokat
flattert eine alte Qual.

Denn die Steine heulen. Blut und Inzest und Verrat
sickern langsam ins beglänzte Ohr:
stinkend schwarze Banner hissen Ruhm und Pracht
weit ins Firmament empor.

Hans Magnus Enzensberger

Mantua

Kommst du nach Mantua, wirst du dir vor allen
Giulios berühmte Freskenwelt betrachten,
Sternbilder, Bacchanal, Gigantenschlachten,
Und den Palast del Tè erstaunt durchwallen.

Hast du an dreister Sinnenkraft Gefallen,
Magst du bewundern sein gewaltig Trachten
Und doch im stillen wohl nach Edlerm schmachten,
Das in der Seele weckt ein Widerhallen.

Dann flüchte zum Archivio notarile,
Wo Wand und Deckenraum Mantegna schmückte,
Mit der Gonzaga Bildern sie belebend.

Hier blüht die Kunst noch rein im schlichtsten Stile,
Eh' Virtuosenhochmut sie berückte,
Der Erbschaft Raffaels sich überhebend.

Paul Heyse

Andreas Hofer

Zu Mantua in Banden
Der treue Hofer war,
In Mantua zum Tode
Führt ihn der Feinde Schar;
Es blutete der Brüder Herz,
Ganz Deutschland, ach, in Schmach und Schmerz!
Mit ihm das Land Tyrol.

Die Hände auf dem Rücken
Andreas Hofer ging
Mit ruhig festen Schritten,
Ihm schien der Tod gering;
Der Tod, den er so manchesmal
Vom Iselberg geschickt ins Tal
Im heil'gen Land Tyrol.

Doch als aus Kerkergittern
Im festen Mantua
Die treuen Waffenbrüder
Die Händ' er strecken sah,
Da rief er aus: »Gott sei mit euch,
Mit dem verratnen deutschen Reich,
Und mit dem Land Tyrol!«

Dem Tambour will der Wirbel
Nicht unter'm Schlegel vor,
Als nun Andreas Hofer
Schritt durch das finstre Tor; –
Andreas noch in Banden frei,
Dort stand er fest auf der Bastei,
Der Mann vom Land Tyrol.

Dort soll er niederknieen,
Er sprach: »Das tu ich nit!
Will sterben, wie ich stehe,
Will sterben, wie ich stritt,
So wie ich steh' auf dieser Schanz';
Es leb' mein guter Kaiser Franz,
Mit ihm sein Land Tyrol!«

Und von der Hand die Binde
Nimmt ihm der Korporal;
Andreas Hofer betet
Allhier zum letzten Mal,
Dann ruft er: »Nun so trefft mich recht!
Gebt Feuer, ach, wie schießt ihr schlecht!
Ade, mein Land Tyrol!«

Julius Mosen

Ankunft in Cremona

Der Regen singt, die Ebene liegt voll Nacht,
In hohen Bäumen rauscht es naß und kühl,
Zart tropfen Glockentöne vom Gestühl
Und schlafen ein, vom Regen leis verlacht.

Durch frohe Gassen bei Laternenschein
Zieh ich gelassen in die fremde Stadt,
Gewölbe dunkeln, Fenster schimmern matt,
Friedvolle Bürger sitzen still beim Wein.

Ein Bogengang hallt auf von meinem Tritt,
Und eine Treppe leitet mich gemach
In ein Gewölb', an Säulen hin, und schwach
Läuft überm feuchten Stein mein Schatten mit.

Weit öffnet nun die Halle ihren Schacht,
Erschrocken halt ich: riesig Bau an Bau
Ragt Dom, Turm und Palast, darüber blau
Und schweigsam brütet ungeheure Nacht.

Und kaum erschaut, ist alles wie bekannt
Und klingt beseligt dem erstaunten Blick
Wohllaut und rein entgegen wie Musik,
Hell wie ein Lied aus Paradiesesland.

Erträumt von Menschen einer andern Zeit
Steht Dom, Turm und Palast voll Majestät
Und spricht zu mir, und aus den Säulen weht
Und aus den Bogen lächelt Ewigkeit.

Hermann Hesse

Brescia

Wie locken mich all deine Lieblichkeiten,
Du schönes Brescia! Nur noch einmal schauen
Möcht' ich Morettos fürstlich-holde Frauen
Und all die werte Kunst versunkner Zeiten.

Wie durch ein Märchen glaubt' ich hinzuschreiten
In totenstillen Gassen, an den grauen
Palästen hin; nur das Geschrei der Pfauen
Drang über Gartenmauern mir zur Seiten.

Doch wo die alten Tempeltrümmer grüßen
Aus dunkler Feigen Laub, trat ich hinein
Und sah die schönste der Viktorien thronen.

Lang ruht' ich andachtsvoll zu ihren Füßen.
O Göttin, warum mußt du ehern sein!
Ein Kranz aus *solcher* Hand – wie würd' er lohnen!

Paul Heyse

Bergamo

Hier schäumt noch klar der Wein
in der Kelter aus honigfarbenem Stein
darein die Biene Zeit Waben aus Stille baut.
Der Wolken Schattenküsse wallen vorüber
aus Herbst in Frühling
und vom Wall der Alpen schwindet nie der Firn.
Umkränzt von Seen und Rauch aus tausend Hütten
lagert der Platz in seiner Mauern Hut.
Lausche dem Sang des schlangenumringelten Brunnens.
Hier werden Rätsel verkündet die kein Wanderer löst.
Nachts schränken die Dächer ihre Arme ineinander
und des Eros Küsse zünden die Fackel der Lust.
Löwen erheben sich lässig
auf steinernen Pranken
gleiten Treppen aus goldenem Marmor
hinan und herab.
Jetzt leuchten ihrer Augen Schlitze grün
und Bänder aus Phosphor
wickeln Eurydike ein.

Karl Otten

Der Dom zu Mailand

Aufragt der Dom in seiner Marmorpracht,
Wie für die ganze Christenheit gemacht.

Du trittst hinein: Wie kühl, wie feierlich!
Dies Gotteshaus ist eine Welt für sich.

Das Domgewölb' ein ird'scher Himmel fast,
In dem die Gottheit selber wohnt zu Gast,

Der Beter Schwarm – Gott, du bemerkst ihn kaum!
Milanos Volk verliert sich in dem Raum.

Am Hochaltar der Kerzen flimmernd Gold,
Die Jungfrau mit dem Jesuskindlein hold.

Betstühle hie, dort bleicher Lichterschein
Auf der Altäre samtbehangnem Schrein.

Glasscheiben bunt in Blumenteppichs Pracht,
Die halten treulich ihre Fensterwacht,

Daß nimmermehr die Schau der Außenwelt
Der Beter reine Andacht hier vergällt.

Nach dem Gewölb', dem dunklen Baldachin
In frommem Duft die Weihrauchswolken ziehn,

Als ob auf ihnen sanft der Lieder Chor
Zu all den Sel'gen Gottes flög' empor. –

Christian Wagner

Berliner in Italien

Die ganze Welt ist voll von Berlinern.
Deutschland, Deutschland überall in der Welt.
Ich sah sie auf der Promenade in Nervi sich gegenseitig bedienern,
Und sie waren als Statisten beim Empfang des italienischen Königs in Mailand aufgestellt.

Da konnten sie einmal wieder aus vollem Herzen Hurra schreien.
So 'n König, und sei er noch so klein, is doch janz was anderes als so 'ne miekrige Republik.
In Bellaggio wandeln sie unter Palmen und Zypressen zu zweien,
Und aus dem Grandhotel tönt (fabelhaft echt Italienisch; Pensionspreis täglich 200 Lire) die Jazzmusik.

Wie hübsch in Bologna die Jungens mit den schwarzen Mussolinhemden!
Wie malerisch die Bettler am Kirchentor!
Die und die Flöhe finden einen Fremden
Aus hunderttausend Eingebornen hervor.

In Genua am Hafen aus engen mit Wäsche verhangenen Gassen winken
Schwarzäugige Mädchen und sind bereit,
Gegen entsprechendes Honorar sich abzuschminken.
O du fröhliche, o du selige Frühlingszeit.

Dagegen das Kolosseum, die ollen Klamotten, die
verstaubten Geschichten,
Das haben wir zu Hause auf halb bebautem Gelände auch,
nu jewiß.
Den schiefen Turm von Pisa sollten sie mal jrade richten.
Mussolini hat dazu den nötigen Schmiß.

Über diesem Lande schweben egal weg die Musen,
Man sehe sich die Brera und die Uffizien an.
Die mageren Weiber von Botticelli kann ich nich
verknusen,
Aber Rubens, des is mein Mann.

Wohin man sieht, spuckt einer oder verrichtet sonst eine
Notdurft: es ist ein echt volkstümliches Treiben.
Prächtig dies Monument Vittorio Emmanueles in Rom:
goldbronziert und die Säulenhalle aus weißem Gips.
Dafür kann mir das ganze Forum jestohlen bleiben.
Ich bin modern. A proposito: haben Sie für Karlshorst
sichere Tips?

Klabund

In Genua

Ach, wer wiese zurück, wie entwöhnt die Brust auch
Sei durch ewigen Gram und der Welt Enttäuschung,
  Wer allmächtige Sehnsucht,
    Süße Begierde zurück?

Wenn voll magischer Kraft, in dem Land der Schönheit,
Unausweichlicher Schmerz dem Gefühl sich aufdringt,
  Ach, wer wiese die Liebe,
    Hielte die Klage zurück?

Doch kein Bleiben vergönnt des Geschicks Beschluß mir:
Zwar freiwillig und doch ein Gezwungener muß ich,
  Muß dich wieder verlassen,
    Genua, blühende Stadt!

Dich, dein rauschendes Meer und den schönen Strandweg,
Ja, was reizender ist! Ich erblickte kaum noch
  Je mich selbst in geliebtern
    Augen und liebenderen.

Doch wer Liebe versteht, er bekennt, wie sehr auch
Freudvoll sei der Besitz, es gewährt Besitz uns
  Nie dich, sanftere Wehmut,
    Selige Träne der Huld!

August von Platen

Porto fino, kleiner Hafen,
da wir uns im Frühling trafen.

Da geheim wie eine Mythe
unverhofft ein Glück erglühte.

Glück und Leid? Wer will es wissen?
Wehrlos ward ich fortgerissen,

daß sich eine oder scheide,
was zu Glück ward oder Leide.

Porto fino, kleiner Hafen,
da wir uns im Frühling trafen.

Du, was auch mein Schicksal werde,
bleibst mir ewig teure Erde.

Christian Morgenstern

Weltaugenblick Portofino

Barken! Yachten! Fischerhafen!
Sonnenplatz! Kaffeeterrassen!
Häuser zwinkern! Menschenmassen!
Händler! Tändler! Photographen!

Pinien! Holzrauch! Öl! Agaven!
Beine, Hüte aller Klassen!
Lachen! Winken! Schlendern! Passen!
Katzeln blinzeln! Bettler schlafen!

Und zu Wesen und zu Leuten,
Die unwirklich sich bedeuten,
Eine schluchzend jähe Neigung,
Daß wir bunt uns hier gefunden
Wandelbildhaft, unverbunden,
An der Küste der Verschweigung.

Franz Werfel

Sestri Levante / Ligurien

Das Meer, dem Wind ausgeliefert,
zeugt Schaum: Wo aber bleibt Venus?
Flugsand als Augenpulver verhindert
den Anblick. Nur ein Fußabdruck
als leeres Versprechen
auf dem feuchten Strand. Statt ihrer
aufs neue der Afrikaner umherhastend
und jedesmal vor irgendwem einen Koffer
anbieterisch öffnend. Danke, kein Interesse!
Vom Inhalt voller Geheimnisse
will niemand sich bedienen. Obwohl
sie aus Kunststoff sind und lange
haltbar und darum vererbt werden können.

Wie das Verlangen, eine Woge würfe
einem der Göttin Ebenbild
gezielt auf den Schoß.

Günter Kunert

Coralie

I

Hüpfe nicht mit nacktem Fuße
In den tollen Gischt hinein;
Stürz dich in das Meer der Buße,
Wasch dir deine Seele rein.

Badst du doch an diesen Küsten
Deinen Busen marmorweiß,
Nur um dich damit zu brüsten
Abends im Bekanntenkreis.

II

Wie dort durch der Brandung Zischen
Sich erstreckt der Hafendamm,
So erstrecke ich mich zwischen
Dich und deinem Bräutigam.

Auf neutralem Boden schlummern
Ist mir ein besondrer Reiz,
Wie das Leben zwischen Pummern
Und Palermo in der Schweiz.

Eisig krappelt's übern Rücken,
Schloßenschauer fühl ich nah;
Hingestreckt vor meinen Blicken
Feurig glüht Italia.

Frank Wedekind

Reise nach Lucca

Welch süßes Atmen! Welche Luft!
Wie hebt sich die Brust, nur mehr und immer mehr
Der zarten Wellen zu trinken,
Die mit Gedüft des Ölbaums getränkt,
Mit der blühenden Myrte Wohlgeruch,
In Wollust alle Sinne tauchen,
Und elysisch über das Land
Ein Meer von Wonne sich gießen.

Kann es dem Schiffer lieblicher dünken,
Wenn von Indiens Küsten herüber
Die gastlichen Lüfte der Gewürze Blütenduft
Ihm auf sein wanderndes Schiff hinstreun?

Wahrlich, was die Rose unter den Blumen,
Was der Alertico unter den Weinen,
Ist diese Himmelsluft gegen die der übrigen Welt.

Ludwig Tieck

Flucht nach Toskana
1828

Wie flog der Wagen leicht dahin,
Seit hinter mir der Apennin,
Seit jeder Pfad, auf dem er flog,
Ins Arnotal hinunterbog!
Olivenhaine rings herum,
Wo manches schöne Tuskulum,
Umgeben von Zypressen, stand,
Verhießen mir ein mildres Land,
Ein Volk, das immer fröhlich singt,
Und dessen Sprache süßer klingt.

Nie laßt mich wiedersehn, o nie
Die nebelreiche Lombardie,
Wo winterlich der Flüsse Qualm
Umdampft den dürren Stoppelhalm,
Und über ebne Flächen weit
Sich legt die dicke Feuchtigkeit!
Wie prächtig Mailand auch, wie groß,
Es liegt der Finsternis im Schoß,
Und seiner breiten Straßen Glanz,
Was frommt er ihm? Der Scala Tanz,
Den alten, marmorblanken Dom
Beneiden ihm Florenz und Rom;
Doch wo's so finster ist und kalt,
Welch quälerischer Aufenthalt!
Wer wollte nicht, um ihn zu fliehn,
Hoch über die Gebürge ziehn,
Hinab zur schönen Stadt gekehrt,
Die einst der Welt so viel gelehrt?

Du bist mir im Dezember Lenz,
Du milder Himmel von Florenz!
Paläste, grüne Haine ziert
Der Arno, welcher nie gefriert,
Und über ihm, so schön und breit,
Die Brücke der Dreifaltigkeit.

August von Platen

Anblick von Florenz

Endlich den letzten Hügel hinauf,
Und unter mir
Das weite, blühende Tal,
Rings die Gebirge,
Die herrliche Stadt
Im Glanz der scheidenden Sonne.
Das Abendrot erglänzt
Im vielfachen Purpur
An den Felsen und die Gebäude
Brennen im Strahl,
Und hundert Villen
Erglänzen fern und ferner.

Der Himmel spielt mit Grün und Blau,
Und hüpfende Lichter
Lachen auf dem Strom.
Süße Dämmerung
Tritt aus dem Äther
Die Welt umfassend,
Und in schweigender Rührung
Empfängt uns die dunkelnde Stadt.

Ludwig Tieck

Florenz

Dich hat, Florenz, dein altes Etruskervolk
Mit wahrem Fug dich blühende Stadt genannt,
Nicht weil der Arno nagt an Hügeln,
Deren der kahlste von Wein und Öl trieft:

Nicht weil die Saat aus wucherndem Boden keimt,
Nicht weil des Lustparks hohe Zypressen und
Steineichen, samt Oliv und Lorbeer,
Neben der Pinie nie verwelken:

Nicht weil Gewerbfleiß oder Verkehr dir blüht,
Den andre Städte missen, indes du stolz
Freiheit genießest, Ruhm genießest
Unter der milden Gesetze Weisheit:

Nicht weil im Prunksaal Schätze der Kunst du häufst,
Vor denen jetzt stummgaffende Briten stehn;
Wie manches Denkmal ist, Florenz, dir
Fremder geworden als selbst dem Fremdling!

Nie wieder tritt die Sonne der Medicis,
Was auch geschehen mag, über den Horizont,
Längst schläft Da Vinci, Buonaroti,
Machiavell und der alte Dante:

Allein du blühst durch deine Gestalten fort,
Und jener Kunst Vorbilder, sie wandeln am
Lungarno heut wie sonst, sie füllen
Deine Theater noch an, wie vormals.

Kaum hat der Blick, vor zögerndem Unbestand
Sich scheuend, freudvoll eine Gestalt erwählt,
Als höchste Schönheit kaum gefeiert:
Wandelt die schönere schon vorüber!

Und hat das florentinische Mädchen nicht
Von frühster Jugend liebend emporgestaunt
  Zur Venus Tizians, und tausend
    Reize der Reizenden weggelauschet?

Und deiner Söhne Mütter, o sprich, Florenz!
Ob nie die sehnsuchtsvolleren Blicke sie
  Gesenkt vor Benvenutos Perseus,
    Oder dem himmlischen Apollino?

Wohl mag der Neid euch zeihen der Üppigkeit,
Frei spricht die Lieb euch. Liebt und genießt, und stets
  An seiner Göttin Busen kühle,
    Kühle die leuchtende Stirn Adonis!

Hier tändle Glück und Jugend, den Dichter nur,
Zum strengsten Ernst anfeuert die Zeit nur ihn,
  Und ihm zerbricht sein frühres Leben
    Unter den Händen, wie Knabenspielzeug.

Er rafft sich auf, dem reifere Stunden graun,
Ihm naht der Wahrheit wehender Flügelschlag,
  Und mehr und mehr Zukunft im Herzen,
    Lernt er entsagen der kalten Mitwelt.

Du aber blühe, glückliche Stadt, hinfort
In solcher Schönheit, solchem Gefühl der Kraft,
  Wie auf dem Springquell hier der Meergott
    Jenes unsterblichen Gian Bologna!

August von Platen

Zypressen stehen da als hohe Pforte.
In silberner Verschwendung tagt Florenz.
Du stehst vor Gottes vorgeträumtem Worte:
In deiner Welt mit einem ernsten Lenz!

Zypressen stehen da als große Pforte:
Sie führen auf den Bergen hoch zum Herrn.
Zypressen stehn vor jedem Felsenorte
Und weisen abends auf den ersten Stern.

Das ist Hesperien. Herrlich. Gottbegnadet.
Das schöne Land mit dem Zypressensaum,
Wo jede Stadt in Goldergüssen badet,
Und jeden Baum beweht sein Silbertraum.

Die Seelenheimat unter milden Schleiern
Mit blauen Augen sieht dich sonnig an.
Das Weingelände frägt nach Hochzeitsfeiern,
Sein stiller Engel hält mich sacht im Bann.

Theodor Däubler

Florenz

Du Allerschönste, Liebling aller Welt,
einst manchem Herrn, jetzt jedem Gaffer feil,
und immer noch von Zier und Reiz geschwellt,
so lehnst du stolz auf hehrem Ruhebett,
dein Haupt wie eines Turmes Zinne steil,
dein Schoß wie offne Rosen lebensfroh,
und gar den Busen schmückt als Amulett
die heilige Kunst des Fra Angelico.

Richard Dehmel

San Gimignano

Große Raubvögel wart ihr, prächtige,
Ihr Ardinghelli, ihr Salvucci, die ihr
in *einem* Bergnest fünfzig Türme bautet

und euch von Horst zu Horst bekriegtet, Guelfen
und Ghibellinen, dort in Gimignano,
die Straße von Siena nach Florenz.

Ich schau dich, starke Zeit, einst meine Liebe,
noch meine Liebe, – doch ihr Aare flogt
mir noch nicht hoch genug, euch fehlte noch

das große Ziel. Die Sonne lag zu prall
auf euch, drum saht ihr nicht die Sonne
und machtet euch ein irdisch Licht aus – Blut.

Christian Morgenstern

Siena

Ich sah dich hellgeschmückt vom jungen Lenz,
Du höchstgetürmte von Toskanas Städten,
Und Blütenbanner friedenvoll umwehten
Die einst'ge Nebenbuhlin von Florenz.

Dein Ruhmesanrecht – nur der Forscher kennt's.
Der Wettstreit ruht; du bist zurückgetreten.
Doch Aug und Herz der Künstler und Poeten
Bestreiten der Jahrhunderte Sentenz.

Hier folg' ich gerne jener Heil'gen Spuren,
Die rührend edel Welt und Himmel maß
Mit reinstem Blick begnadeter Naturen.

Und wer, der jemals sie geschaut, vergaß
Die andern Wunderwerke dieser Fluren,
Die wonnigen Gestalten Sodomas!

Paul Heyse

Michel – Kunstkenner

Die Alpen hat er überschritten,
Nun wird er ganz begeistrungsvoll;
Er träumt von nichts als von Madonnen,
Von Torso, Venus und Apoll.

Begeistrung weckt ihn aus dem Schlummer,
Begeistrung treibt ihn fort geschwind.
Er dringt in alle Galerien,
Die irgend nur geöffnet sind.

Er hat den Katalog in Händen,
Er sieht und sieht, damit er's sah,
Es ist, als ob er sehn nur wollte,
Ob jedes Bild noch wirklich da.

August Heinrich Hoffmann von Fallersleben

Latium und Rom

Eine Welt zwar bist du, o Rom; doch ohne die Liebe
Wäre die Welt nicht die Welt, wäre denn Rom auch nicht Rom.

Johann Wolfgang Goethe

Verlangen nach Bomarzo

Selber ein Fels sein.
Stillstehen mit der gewesenen Zeit:
so ein teils steiler Hügel
eine teils erhabene Klippe ortsgekrönt
des Morgens inmitten der Ebene
über sie
einen langen und leichten Schatten legt.

Platz nehmen im *Parco di Mostri*
unter schweigenden Ungeheuern
aus behauenem Gestein.
Einer der ihren werden
halb in der feuchten Erde geborgen
reglos und nichts anderes um sich
als lauter leeres Geheimnis
sonnenüberflutet und dunkel
wie der Sinn der Gestalten und Tiere
Elefant und Gladiator
Nymphe und Drache
Jahrhunderte alt.
Der Schädel mit dem Scheunentormund
darinnen Tisch und Sessel aus gleichem Granit
dich empfingen wäre der meine:
Hüt dich vorm Eintritt
damit du nicht in die unterirdischen Tiefen
meines ferneren Leibes gelangst
ausgestreckt unter Bomarzo:
der unsichtbare Grund
auf dem alles steht und der alles trägt.

Dableiben. Hierbleiben.
Kristallinisch
solcher Landschaften sich innig verbinden:
wenigstens vorübergehend
unsterblich sein.

Günter Kunert

Täuschung

Ich ruhte aus vom Wandern,
Der Mond ging eben auf,
Da sah ich fern im Lande
Der alten Tiber Lauf,
Im Walde lagen Trümmer,
Paläste auf stillen Höhn
Und Gärten im Mondesschimmer –
O Welschland, wie bist du schön!

Und als die Nacht vergangen,
Die Erde blitzte so weit,
Einen Hirten sah ich hangen
Am Fels in der Einsamkeit.
Den fragt ich ganz geblendet:
»Komm ich nach Rom noch heut?«
Er dehnt' sich halbgewendet:
»Ihr seid nicht recht gescheut!«
Eine Winzerin lacht' herüber,
Man sah sie vor Weinlaub kaum,
Mir aber ging's Herze über –
Es war ja alles nur Traum.

Joseph von Eichendorff

Campagna vor Rom

Hier spannt sich alles, Landschaft, Bäume, Tiere,
als habe sich die Welt zur Ruh gezwungen;
erwartungsvoll ist jede Form geschwungen,
die Hörner selbst der silbergrauen Stiere.
Denn dort am Horizont hebt einsam groß,
so einsam groß, daß auch die Berge nur
Mitglieder sind der staunenden Natur,
das Haupt der Ewigen Stadt sich zum Azur:
die Peterskuppel Michelangelos.

Richard Dehmel

Römische Elegien

I

Saget, Steine, mir an, o sprecht, ihr hohen Paläste!
Straßen, redet ein Wort! Genius, regst du dich nicht?
Ja, es ist alles beseelt in deinen heiligen Mauern,
Ewige Roma; nur mir schweiget noch alles so still.
O wer flüstert mir zu, an welchem Fenster erblick ich
Einst das holde Geschöpf, das mich versengend erquickt?
Ahn ich die Wege noch nicht, durch die ich immer und immer,
Zu ihr und von ihr zu gehn, opfre die köstliche Zeit?
Noch betracht ich Kirch und Palast, Ruinen und Säulen,
Wie ein bedächtiger Mann schicklich die Reise benutzt.
Doch bald ist es vorbei; dann wird ein einziger Tempel,
Amors Tempel, nur sein, der den Geweihten empfängt.
Eine Welt zwar bist du, o Rom; doch ohne die Liebe
Wäre die Welt nicht die Welt, wäre denn Rom auch nicht Rom.

Johann Wolfgang Goethe

VII

O wie fühl ich in Rom mich so froh! gedenk ich der Zeiten,
Da mich ein graulicher Tag hinten im Norden umfing,
Trübe der Himmel und schwer auf meine Scheitel sich senkte,
Farb- und gestaltlos die Welt um den Ermatteten lag
Und ich über mein Ich, des unbefriedigten Geistes
Düstre Wege zu spähn, still in Betrachtung versank.
Nun umleuchtet der Glanz des helleren Äthers die Stirne;
Phöbus rufet, der Gott, Formen und Farben hervor.
Sternhell glänzet die Nacht, sie klingt von weichen Gesängen,
Und mir leuchtet der Mond heller als nordischer Tag.
Welche Seligkeit ward mir Sterblichem! Träum ich? Empfänget
Dein ambrosisches Haus, Jupiter Vater, den Gast?
Ach! hier lieg ich und strecke nach deinen Knien die Hände
Flehend aus. O vernimm, Jupiter Xenius, mich
Wie ich hereingekommen, ich kann's nicht sagen; es faßte
Hebe den Wandrer und zog mich in die Hallen heran.
Hast du ihr einen Heroen herauf zu führen geboten?
Irrte die Schöne? Vergib! Laß mir des Irrtums Gewinn!
Deine Tochter Fortuna, sie auch! die herrlichsten Gaben
Teilt als ein Mädchen sie aus, wie es die Laune gebeut.
Bist du der wirtliche Gott? O dann so verstoße den Gastfreund
Nicht von deinem Olymp wieder zur Erde hinab! –
»Dichter! wohin versteigest du dich?« – Vergib mir; der hohe
Kapitolinische Berg ist dir ein zweiter Olymp.

Dulde mich, Jupiter, hier, und Hermes führe mich später,
Cestius' Mal vorbei, leise zum Orkus hinab.

Johann Wolfgang Goethe

Rom

Für Ludwig Curtius

Königlich, Rom, hast du mich immer empfangen.
Ob ich von Norden zu dir aus der dunkleren Heimat
Sehnsüchtig drängte oder aus reifenden Gärten
Ferner hesperischer Täler gesättigt mich wandte:
Herrlich umfing mich vom Fluge der Wolken beschattet
Golden und schwarz die Campagna und in der Ferne
Hob sich dein ewiger Umriß vom feurigen Himmel.

Stolz war ich oftmals, daß du dich zur Heimat erboten.
Wie des gefährlichen Ursprungs der Sohn des Gebirges
Immer sich freuet, ermaß ich den Abgrund der Zeiten
Draus die betäubenden Nebel sich drohend erheben,
Urgeister auch und ein lockend gefährlicher Schwindel.
Träumend verweilt ich, und gleich deinen eigenen
Kindern
Pflückt ich die Frucht deiner Gärten, nicht achtend,
daß tiefer,
Tief in der Erde die Wurzel den Schädel zerpreßt.

Aber nicht immer genoß ich so heiteres Vorrecht.
Fremder erschienst du mir auch, eine finstere Mutter,
Funkelnd von Schmuck und von heimlicher Zärtlichkeit
trunken.
Grausamkeit sah ich in deinen nicht alternden Zügen
Und es verriet mir dein Lächeln die Lust der Gewalttat.
Aus deinen schimmernden Kirchen und dunklen
Palästen
Klang es wie tropfendes Blut und ich floh deine Nähe
Wehrte der Liebkosung mich deiner herrischen Hand.

Eine Gestorbene auch bist du oft mir erschienen.
Steinernen Todes, gebahrt seit undenklichen Zeiten
Lagst du in blumiger Steppe der wilden Campagna.
Still in dem Fluge der Bienen und Blöken der Lämmer
Strahltest du tödliche Stille. Nicht konnte mein Atem
Nicht meine pochenden Hände zum Leben dich wecken
Kälte beschlich mir das Herz unerweckbarer Zeiten
Und deine steinernen Augen zum Himmel gerichtet
Schreckten mich wie der Medusa versteinertes Bild.

Doch an den andern, den Tagen der heiligen Wandlung
Strahltest du von dem lebendigen Licht wie das süße
Sinnbild der heimischen Wälder. Klangest vom Jubel
Liebender drängender Seelen und gleich einer Harfe
Die aus unendlicher Ferne ein Engel berührte
Strömtest du rauschenden Klang in die Stille der Nacht.

Immer schied ich von dir mit weinendem Herzen.
Ungedeutet blieb vieles und unverstanden das Letzte.
Stimmen sprachen dem Ohre vorüber und klangen
Ängstigend nach und das eigne entfloh dir
Oft wie ein irrender Vogel dem zaubrischen Walde.
Münze um Münze versank in dem tönenden Brunnen
Und deine Fülle zu fassen verzagte das Herz.

Doch es erneuern sich ewig die Wasser der trevischen
Quelle.
Andere immer und offener kehren wir wieder
Suchen ein Neues und finden das ewige Zeugnis
Drängenden Geistes und bildender Hände, und mächtger
Hebt aus der Leidenschaft dunklem Getön sich der tiefe
Ruhige Herzschlag belebender Liebe hervor.

Marie Luise Kaschnitz

Der römische Brunnen

Aufsteigt der Strahl und fallend gießt
er voll der Marmorschale Rund,
die, sich verschleiernd, überfließt
in einer zweiten Schale Grund;
die zweite gibt, sie wird zu reich,
der dritten wallend ihre Flut,
und jede nimmt und gibt zugleich
und strömt und ruht.

Conrad Ferdinand Meyer

Römische Fontäne
Borghese

Zwei Becken, eins das andre übersteigend
aus einem alten runden Mamorrand,
und aus dem oberen Wasser leis sich neigend
zum Wasser, welches unten wartend stand,

dem leise redenden entgegenschweigend
und heimlich, gleichsam in der hohlen Hand,
ihm Himmel hinter Grün und Dunkel zeigend
wie einen unbekannten Gegenstand;

sich selber ruhig in der schönen Schale
verbreitend ohne Heimweh, Kreis aus Kreis,
nur manchmal träumerisch und tropfenweis

sich niederlassend an den Moosbehängen
zum letzten Spiegel, der sein Becken leis
von unten lächeln macht mit Übergängen.

Rainer Maria Rilke

Fontana Trevi

O Zeit der römischen Wonnen …
Die Mainacht wehte mild,
Hell plätscherte der Bronnen,
Der allen Durst gestillt.

Und seit in jener Stunde
Sein Labtrank mich erquickt,
Hält mich im Herzensgrunde
Ein Zauber süß umstrickt.

Ein Urbild ew'ger Schöne
Schwebt lockend um mich her,
Ich bannt' es gern in Töne,
Es glückt mir nimmermehr.

Und doch kann ich's nicht lassen,
Ob auch das Haupt mir glüht –
Ich summ durch alle Gassen
Ein unverstanden Lied.

O Braut meiner Seele, Italia,
Wie schlimm ist mir's ergangen,
Seit mich, den wonnetrunknen Mann,
Dein liebender Arm umfangen!

Der Zauber – tot, zertreten, zerstampft,
Im Nebel erstorben die Lieder …
Der Bierkrug schäumt, die Pfeife dampft,
Altdeutschland hat mich wieder!

Joseph Victor von Scheffel

Archaischer Torso Apollos

Wir kannten nicht sein unerhörtes Haupt,
darin die Augenäpfel reiften. Aber
sein Torso glüht noch wie ein Kandelaber,
in dem sein Schauen, nur zurückgeschraubt,

sich hält und glänzt. Sonst könnte nicht der Bug
der Brust dich blenden, und im leisen Drehen
der Lenden könnte nicht ein Lächeln gehen
zu jener Mitte, die die Zeugung trug.

Sonst stünde dieser Stein entstellt und kurz
unter der Schultern durchsichtigem Sturz
und flimmerte nicht so wie Raubtierfelle;

und bräche nicht aus allen seinen Rändern
aus wie ein Stern: denn da ist keine Stelle,
die dich nicht sieht. Du mußt dein Leben ändern.

Rainer Maria Rilke

Michelangelo und seine Statuen

Du öffnest, Sklave, deinen Mund,
Doch stöhnst du nicht. Die Lippe schweigt.
Nicht drückt, Gedankenvoller, dich
Die Bürde der behelmten Stirn.
Du packst mit nerv'ger Hand den Bart,
Doch springst du, Moses, nicht empor.
Maria mit dem toten Sohn,
Du weinst, doch rinnt die Träne nicht.
Ihr stellt des Leids Gebärde dar,
Ihr meine Kinder, ohne Leid!
So sieht der freigewordne Geist
Des Lebens überwundne Qual,
Was martert die lebend'ge Brust,
Beseligt und ergötzt im Stein.
Den Augenblick verewigt ihr,
Und sterbt ihr, sterbt ihr ohne Tod.
Im Schilfe wartet Charon mein,
Der pfeifend sich die Zeit vertreibt.

Conrad Ferdinand Meyer

In der Sistina

In der Sistine dämmerhohem Raum,
Das Bibelbuch in seiner nerv'gen Hand,
Sitzt Michelangelo in wachem Traum,
Umhellt von einer kleinen Ampel Brand.

Laut spricht hinein er in die Mitternacht,
Als lauscht' ein Gast ihm gegenüber hier,
Bald wie mit einer allgewalt'gen Macht,
Bald wieder wie mit seinesgleichen schier:

»Umfaßt, umgrenzt hab ich dich, ewig Sein,
Mit meinen großen Linien fünfmal dort!
Ich hüllte dich in lichte Mäntel ein
Und gab dir Leib, wie dieses Bibelwort.

Mit wehnden Haaren stürmst du feurigwild
Von Sonnen immer neuen Sonnen zu,
Für deinen Menschen bist in meinem Bild
Entgegenschwebend und barmherzig du!

So schuf ich dich mit meiner nicht'gen Kraft:
Damit ich nicht der größre Künstler sei,
Schaff mich – ich bin ein Knecht der Leidenschaft –
Nach deinem Bilde schaff mich rein und frei!

Den ersten Menschen formtest du aus Ton,
Ich werde schon von härterm Stoffe sein,
Da, Meister, brauchst du deinen Hammer schon,
Bildhauer Gott, schlag zu! Ich bin der Stein.«

Conrad Ferdinand Meyer

Die spanische Treppe

Viel schon seit Wochen
Verdank ich dir, du hohe Stiege,
Mein freundlicher Nachbar.
So wie die Gläubigen fromm
Dort am Lateran
Auf heiliger Staffel knien,
So nun seit Wochen
Wandl' ich, wenn die heiße Mittagssonne
Brennend nieder scheint,
Die edlen Stufen auf und ab,
Schau mich oben um,
Erblicke unter mir Rom,
Und dort den Vatikan und Peters Dom,
Steige wieder hinab,
Und übe mich im ermüdenden Spiel,
Fast bis die Kräfte schwinden.

Schon fühl ich mich leichter,
Heitrer, kräftiger,
Die Fesseln lösen sich gelinde,
Und dankbar schau ich hinauf
Zu meinem hohen Arzte.
Doch das Volk der Römer,
Die wie die Schlange die Sonne scheun,
Und weite Umkreise ziehn,
Dem Schatten folgend,
Schauen bedenklich,
Die Häupter schüttelnd,
Aus kühlen Räumen,
Und hinter vergatterten Fenstern,
Auf das deutsche Wunder.

Geht doch die Weltuhr jetzt
In allen Reichen
Neuen, niegesehenen Gang,
Wird doch überall
Das Unerhörte gewohnt;
So sieht auch schon trägern Auges,
Der weniger Staunende
Mein Treppenbad ruhiger an.

Ludwig Tieck

Römisches Nachtbild

Wenn das Schaukelbrett die sieben Hügel
nach oben entführt, gleitet es auch,
von uns beschwert und umschlungen,
ins finstere Wasser,

taucht in den Flußschlamm, bis in unsrem Schoß
die Fische sich sammeln.
Ist die Reihe an uns,
stoßen wir ab.

Es sinken die Hügel,
wir steigen und teilen
jeden Fisch mit der Nacht.

Keiner springt ab.
So gewiß ist's, daß nur die Liebe
und einer den andern erhöht.

Ingeborg Bachmann

Eine Mondnacht in Rom

Bei'm Dämmerlicht des Mondes schau' ich gerne
Der grauen Weltstadt bröckelnde Ruinen,
Die uns als Maß für ihre Größe dienen,
Woran der Mensch sich selber messen lerne;

Denn dieses Licht, das einem trüben Sterne
Entfließt, hat ihre Schlachten nie beschienen,
Nur die Gefall'nen mit den eh'rnen Mienen,
Umstanden von des Heeres bestem Kerne.

Jetzt trägt sie selbst, wie die, den Todesstempel,
Drum ziemt sich's, daß dasselbe Licht ihr leuchte,
Dann träumt vielleicht ein Dichter, daß die Sonnen

Erlöschen, wie Palläste hier und Tempel
Zusammenstürzen, und der oft verscheuchte
Vernichtungsengel jetzt den Sieg gewonnen!

Friedrich Hebbel

Rom

Rom, schon bist du Ruine und wirst noch weniger werden,
Aber dein Himmel verbürgt dennoch die ewige Stadt.
Wo die Myrte gedeiht, und wo der Lorbeer nicht mangelt,
Siedeln zu Liebe und Krieg immer auch Menschen sich an.
Colloseum, Rotunda, ihr wurdet christliche Kirchen,
Weil euch dieses allein vor der Zerstörung geschützt,
Denn der stumpfe Zelot ergriff die Axt des Barbaren,
Als sie ihm endlich entsank, aber der weisere Papst
Schirmte euch durch den Altar und durch die Heiligenbilder
Still vor der letzten Gefahr, welche euch drohte bis heut'.
Dennoch kommt es mir vor, als hätt' man erschlag'nen Titanen
Nach dem Tode das Kreuz noch auf die Stirne gebrannt.

Friedrich Hebbel

Roma aeterna

Das Rom der Foren, Rom der Tempel
Das Rom der Kirchen, Rom der Villen
Das laute Rom und das der stillen
Entlegnen Plätze, wo der Stempel

Verblichner Macht noch an Palästen
Von altem Prunk erzählt und Schrecken
Indes aus moosbegrünten Becken
Des Wassers Spiegel allem Festen

Den Wandel vorhält. So viel Städte
In einer einzigen. Als hätte
Ein Gott sonst sehr verstreuten Glanz

Hierhergelenkt, um alles Scheinen
Zu steingewordnem Sein zu einen:
Rom hat viel alte Bausubstanz.

Robert Gernhardt

Der Chinese in Rom

Einen Chinesen sah ich in Rom; die gesamten Gebäude
Alter und neuerer Zeit schienen ihm lästig und schwer.
»Ach!« so seufzt' er, »die Armen! ich hoffe, sie sollen begreifen,
Wie erst Säulchen von Holz tragen des Daches Gezelt,
Daß an Latten und Pappen, Geschnitz und bunter Vergoldung
Sich des gebildeten Augs feinerer Sinn nur erfreut.«
Siehe, da glaubt ich, im Bilde so manchen Schwärmer zu schauen,
Der sein luftig Gespinst mit der soliden Natur
Ewigem Teppich vergleicht, den echten, reinen Gesunden
Krank nennt, daß ja nur er heiße, der Kranke, gesund.

Johann Wolfgang Goethe

Gegen Rom
1841

Noch einen Fluch schlepp' ich herbei:
Fluch über dich, o Petri Sohn!
Fluch über deine Klerisei!
Fluch über deinen Sündenthron!
Nur Gift und Galle war, o Papst,
Was du vom Pol bis zu den Tropen
Der Welt mit deinem Zepter gabst,
Mit deinem Zepter von Ysopen.

Weh dir! Europas Kanaan,
Das einen Brutus einst gezeugt
Und jetzt sich vor dem Vatikan
Mit feigem Sklavengruße beugt;
Im Fleisch der Menschheit ward zum Pfahl
Die Wiege des Rienzi Cola,
Seit Luthern traf des Bannes Strahl
Und seit loyal dort nur Loyola.

Der Boden, der von Honig troff,
Nur Tränen bringt er noch hervor,
Seit Heinrich in des Pfaffen Hof,
Ein Knecht im Büßerhemde, fror;
Sein Weihrauch ist ein Grabgeruch,
Das Eden wurde zur Sahara,
Und zu Italiens Leichentuch
Die farbenglühende Tiara.

Doch spreiz' dich nicht, du stolzes Rom,
Dir ist ein baldig Ziel gesetzt;
Du bist ein längst versiegter Strom,
Der keines Kindes Mund mehr letzt;

Du bist ein tief gefallen Land,
Du bist das auferstandne Babel,
Der Trug ist deine rechte Hand,
Dein Schwert das Märchen und die Fabel.

Und ob du Diener dir erkürst
In aller Welt, du mußt vergehn;
Es kann wohl ohne Kirchenfürst
Der Geist, der heilige, bestehn.
Du Autokrat im Höllenpfuhl,
Empfange noch mein letztes Zeter!
Du Herrscher auf St. Petri Stuhl,
Fürwahr! du gleichest jenem Peter –

Dem keine Glut ins Antlitz flammt,
Wenn man ob Göttern hält Gericht,
Der, wenn man sie zum Kreuz verdammt,
Noch ruft: »Ich kenn' die Menschen nicht!«
Der, wenn die Erde selbst sich härmt
Und tief in sich zusammenschaudert,
Am Feuer seine Hände wärmt
Und mit des Richters Mägden plaudert.

Du bist kein Fels, wie Petrus war,
Du bist nur feig und schwach, wie er;
Ein Morgenhauch bringt dir Gefahr
Und streut dein Reich wie Sand umher!
Du wirst erliegen, Lügenhirt,
Empören werden sich die Denker,
Das Brausen des Jahrhunderts wird
Zertrümmern seine letzten Henker!

Georg Herwegh

Ein merkwürdiges Missverständnis im Petersdom

Deutsches Dichter kommt nach Rom,
geht sich gleich in Petersdom.

Sieht dort eine Pietà,
macht sich deutsches Dichter: Ah!

Ist von Michelangelo,
macht sich deutsches Dichter: Oh!

Hört sich Papst das heimlich an,
denkt sich: Das ist kluges Mann!

Macht sich einen Räusperton,
sagt dann laut: Sehr wahr, mein Sohn.

Jesus Christus ist sich ja
Alpha sowie Omega.

Und ich bin sein Stellvertret,
was sich schon in Bibel steht.

Und was auch mein Nam beweist,
was bekanntlich Karol heißt.

Also bin ich A und O –
und wie heißen wir denn so?

Denkt sich Dichter sehr verwirrt:
Hat sich Papst ganz schön geirrt.

Ist sich aber braves Mann,
was man nicht enttäuschen kann.

Und so sagt er frank und frei,
daß er Willi Wurzel sei.

Robert Gernhardt

Hymne auf einen italienischen Platz

O Piazza Bologna in Rom! Banca Nazionale Del
Lavoro und Banco Di Santo Spirito, Pizza Mozzarella
Barbiere, Gomma Sport! Gipsi Boutique und Willi,
Tavola Calda, Esso Servizio, Fiat, Ginnastica,

Estetica, Yoga, Sauna! O Bar Tabacci und Gelati,
breite Hintern in Levi's Jeans, Brüste oder Titten,
alles fest, eingeklemmt, Pasticceria, Marcelleria!
O kleine Standlichter, Vini, Oli, Per Via Aerea,

Eldorado Steak, Tecnotica Caruso! O Profumeria
Estivi, Chiuso Per Ferie Agosto, o Lidia Di Firenze,
Lady Wool! Cinestop! Grüner Bus! O Linie 62 und 6, das
Kleingeld! O Avanti grün! O wo? P. T. und Tee Fredo,

Visita Da Medica Ocultista, Lenti A Contatto!
O Auto Famose! Ritz Cräcker, Nuota Con Noi,
o Grazie!
Tutte Nude! O Domenica, Abfälle, Plastiktüten, rosa!
Vacanze Carisseme, o Nautica! Haut, Rücken, Schenkel

gebräunt, o Ölfleck, Ragazzi, Autovox, Kies! Und
Oxford,
Neon, Il Gatto Di Brooklyn Aspirante Detective, Melone!
Mauern! Mösen! Knoblauch! Geriebener Parmigiano!
O dunkler
Minimarket Di Frutta, Istituto Pirandello, Inglese

Shenker, Rolläden! O gelbbrauner Hund! Um die Ecke
Banca Commerziale Italia, Flöhe, Luftdruckbremsen, BP
Coupons, Zoom! O Eva Moderna, Medaglioni,
Tramezzini,
Bollati! Aperto! Locali Provvisori! Balkone, o Schatten

mit Öl, Blätter, Trasferita! O Ente Communale Di
Consumo, an der Wand! O eisern geschlossene Bar
Ferranzi!
O Straßenstille! Guerlain, Hundeköttel, Germain
Montail!
O Bar Fascista Riservata Permanente, Piano! O Soldaten,

Operette, Revolver gegen Hüften! O Super Pensione!
O Tiergestalt! O Farmacia Bologna, kaputte Hausecke,
Senso Unico! O Scusi! O Casa Bella! O Ultimo Tango
Pomodoro! O Sciopero! O Lire! O Scheiß!

Rolf Dieter Brinkmann

Gruss aus Rom

Auch unter Pinien läßt es sich leben, gewiß doch,
der ganze
unaussprechliche Süden paßt in ein Fliegenfenster
(dein sorgsam gerasteter Lichtblick)
und wie von ferne nur
dringt es in deine Stube mit Schwerter- und
  Schlachtenlärm.

Von ferne der Mut und der Ruhm.
Drei Jahrtausende, mindestens, rücken sie an, dich zu
  grüßen,
drei Jahrtausende randvoll!
Ja, hier gibt wirklich ein Heros dem andern die Klinke
  in die Hand.
Ein Triumph des anderen Huckepack.
Über die Ränder des braunen Lateinbuchs hinweg
ragt es wie goldene Lettern,
und aus den Fußnoten Niebuhrs,
unentwegt,
hörst du den Tritt der Legionen.

Entweder – oder!
Eine erstklassige Klassik schafft man nicht im Sitzen.
Wenn es ein Volk in eine andere Lage drängt,
wackelt der Hausrat.
Oder sehen Sie nur diesen lieblich gebuckelten Landstrich:
von *wie* viel Seiten berannt,
wie viele ausgesuchte Helden mußten sich
nicht aufeinander werfen,
um aus Sumpf einen Hügel zu bilden.

Was, diese Blutsuppe schmeckt Ihnen nicht?
Dieser hehre historische Schichtkäse?
Sie denken sich eine Zukunft auch wohl eher als
Zeitenrichter im Selbstverlag?!
Aber der Genuß von Aprikosen widerstrebt Ihnen
nicht unbedingt?
Des Pfirsichs, der Kirsche?
Alles ganz legitime Beutestücke im übrigen.
Alles seinerzeit mal auf der Schwertspitze eingeführt.

Zenite!
Fulminanzen!
He – he, Ihr Tieferbleichten, nicht dem Ausgange geht es,
hier geht's den Sternen zu.
Da könnte ja jeder kommen und sagen:
mal eine Weile gar nichts, oder:
wo man nicht mehr den scharfen Zug der Geschichte
im Nacken spürt,
der Platz im Garteneck –
Nein, Freundchen,
nein, mein Lieber,
nein,
du Dezimalgespenst,
auch vierzehn Stellen hinterm Komma bläst man nicht
Waldesruh.
Aber Leute,
die wirklich
ihr Grab noch ausfüllen, rufen dich an;
und es weist in die Zukunft mit handgehämmerten
Wunden.

Peter Rühmkorf

Via Appia

Grauer Wandrer sucht im Grase
Scherbenrest vom Aschenkrug.
Auf der breiten Gräberstraße
Singt und geigt ein Hochzeitszug.

Zwischen Marmor-Angedenken
Toter Gatten, toten Kinds
Kommen sie mit Brautgeschenken;
Lauter junge Menschen sinds.

Und nun sitzen sie bei Tische,
Freuen sich am Festtagsmahl;
Myrtenduft und Meeresfrische
Wehn im offnen Gartensaal.

Trinkend schaun sie grüne Weide,
Die an gelbe Felder stößt,
Wo der Südwind im Getreide
Den verborgnen Mohn entblößt.

Weißen Vogels blaue Schwingen
Schimmern abendhell heran,
Und es haucht aus allen Dingen
Große Mutter, großer Pan.

Reife atmet von Zitronen,
Die wie feste Brüste sind;
Unter Ölbaum-Silberkronen
Wiegt sich dunkles Weingewind.

Aus dem Herzen der Agave
Stieg der zeugerische Stamm,
Und am schwarzen Mutterschafe
Saugt ein silberweißes Lamm.

Hans Carossa

Der Triumphbogen

Ein leuchtend blauer Tag. Ein wogend Ährenfeld
Daraus ein wetterschwarzer Mauerbogen steigt.
In seinem kurzen Schatten schläft das Schnittervolk.
Allein emporgerichtet sitzt die schönste Maid,
Des Landes Kind, doch welchen Lands? Italiens!
Ein strenggeschnittnes, musenhaftes Angesicht,
Am halbzerstörten Sims des Bogens hangt der Blick,
Als müht' er zu enträtseln dort die Inschrift sich.
(Wenn nicht des Auges Dunkel von dem Liebsten
träumt!)
Sie hebt die erste sich, erweckt die Schnitterschar,
Ergreift die blanke Sichel, die im Schatten lag,
Und schreitet herrlich durch das Goldgewog des Korns,
Umblaut vom Himmel, als ein göttliches Gebild.
's ist Klio, die das Altertum enträtselnde,
Vergilbten Pergaments und der Archive müd,
Gelockt vom Rauschen einer überreifen Saat,
Wird sie zur starken Schnitterin. Die Sichel klingt.

Conrad Ferdinand Meyer

Früher Lenz in der Campagna di Roma

Wahrlich, hier muß ich den Lenz als kecken Gesellen
begrüßen,
Wie er sein luftiges Zelt in der Campagna bewohnt,
Das er aus Düften sich bauet, das leichte Zephyre
bewachen,
Und zu Gaste darin Amor, das zärtliche Kind.
Und auf den Bergen umher da lauert der tückische Winter
Noch in dem Panzer von Eis, jeglichem Kampfe bereit;
Mit ihm die wütenden Heere der Stürme, die Hagel-
geschütze:
Klein ist der Weg nur herab, Boreas' Fittich so schnell.
Amor, du liehest gewiß *dein* Augenbindchen dem Wirte,
Daß er die Feinde nicht merkt, bis er am Ohre sie fühlt.

Wilhelm Müller

Ständchen in Ritornellen aus Albano

Der erste Schnee

Heut nacht ist auf den Bergen Schnee gefallen,
Drum hat mein Mädchen auch nicht öffnen wollen
Ihr Kammerfenster, als ich unten klatschte.

Kein Stuhl ist vor den Türen mehr zu finden:
Ich horch und lausch, und hinter dicken Wänden
Hör ich ein Schnurren, wie von *ihrer* Spindel.

Nun trägt sie schon ein Tuch auf ihren Ohren.
Ich singe wohl, doch sie wird mich nicht hören,
Und Fasten sind dem Lieben anbefohlen.

Wilhelm Müller

Olevano

Müde bin ich angelangt,
In diese Bergeinsamkeit,
Umstarrt von nahen und fernen Felsen,
Vor mir die dunkle kleine Stadt,
Drüben am zackigen Gipfel
Hängend die Burg.
Und der Vollmond
Leuchtend vom klaren Himmel,
Und wie ich schlummre,
Tönt helles Gelächter
Und Ton von Zithern
Und tanzendes Gaukeln
In meinen Schlaf,
Vom Vorsaal herüber.
So weich, so warm, so hell
War noch keine Sommernacht,
Kein Schlummer so süß,
Keine Störung des Schlafes
Je so erfreulich,
Denn wie ich das Auge
Matt halb öffne
Strahlt im Glanz das Gebirge,
Der Mond vom reinen Himmel,
Der Scherz der Mädchen und Freunde,
Und lächelnd schlummr' ich wieder ein.

Ludwig Tieck

Canneloni in Olevano

… in questa solitudine …
e la cittade oscura
L. Tieck

In jeder Jahreszeit Gewehre und Schüsse.
Die Schrotpatronen kommen aus Deutschland.
Sie sind im Lebensmittelladen einzeln

zu kaufen, Rauch den ganzen Tag.
Vor den Häuserwänden, die zerfallen,
wehen die Klamotten … Hemden, Bettlaken,

schwarze Büstenhalter, Strumpfhosen im Februar,
Trauer im März, Ludwig Tieck! Eines Morgens,
um 10, steht eine Braut frierend auf der Straße,

abgerückt von den Männern, die reden, allein,
mit einem winzigen Strauß künstlicher Blumen
in der Hand und macht genau dasselbe Bild

wie tags vorher ein Foto in der Fotoromanze,
die um den frischen Salat gewickelt wurde.
Wird es gleich schneien? So weiß flattert

das geliehene Weiß im Vormittagslicht
um den Körper, und ist doch nur ein Fleck
am matschigen Wegrand neben den Bäumen, die

abgesägt sind. Auf jedem Dach sind Fernsehantennen,
obwohl viele Häuser erledigter aussehen als die
Hühnerställe dahinter, zwischen denen sich später,

um 11, ein Begräbniszug den Berg hinauf bewegt, der
viel zu bunt ist mit den Leuten, die zwischen den
Plastikfetzen, Rock'n'Roll-Musik aus der Elektro

Werkstatt an der Kirche, zerbrochenen Porzellan
Waschbecken, rostigen Eimern, Draht, Gestrüpp und
Wellblech gehen, als daß er düstere Wege zieht, und

nicht einmal die Asche, am Wegrand hingekippt,
erinnert an die Asche oder die Eisschicht auf
den Steinen trotz der frühlingshaften Kälte.

Ein Autowrack, stehengelassen am Ausgang des
Ortes, sinkt in den Boden zurück. Es scheint
wie eine Erinnerung. Vielleicht hast du

dort gesessen, Ludwig Tieck, und schriebst,
In questa solitudine, bevor du vom Blatt Papier
aufgeblickt hast. Jetzt, da alles noch blätterlos

ist, wirkt die Landschaft modern wie Kunst, Ars
Povera. Ich kann durch sie hindurchschauen wie
durch die elektrische Glühbirne, die über dem

Abhang hängt, kahl, nackt, ausgespannt zwischen
zwei Bäumen an der niedrigen Steinmauer, auf
der ein vom Regen aufgeweichter Comic liegt,

571 Meter hoch, mit japanischen Kamikazepiloten
die italienisch fluchen, La cittade oscura,
Ludwig Tieck, in amerikanischer Lizenz.

Rolf Dieter Brinkmann

Subiaco

Stadt,
verschwistert
der heitern Klarheit der Berge,
am Rand der Felsen der Klosterhimmel.
Unter den schrundigen Stämmen
der Maulbeerbäume im Hof
der harte Glanz einer Schaufel,
er will die Toten ausgraben.

An der weißen Mauer
schreitet der Mönch die Treppe hinauf,
Schweiß sickert durch seine Augenbrauen.

Alles verblaßt in Licht und Hitze,
der grobe Ocker der Wände,
das spröde zerbrechliche Moos auf den Steinen,
das spärliche Grün am Fluß.
Der Glöckner geht in zerrissenen Leinenschuhen,
bald wird der Mittag hallen.

Die Ziege stößt
mit den Hörnern die Sonne fort
und sucht den dünnen Schatten.
Die Schüssel des Pilatus ist ohne Wasser,
er kann seine Hände nicht waschen.

Peter Huchel

Villa d'Este

Fontänen:
flüssige Vögel
unverdrossen auf- abschwebend
zwischen Zypressen Terrassen Touristen und Kameras
auf und nieder schwingen sie
nasse Substanz
ins Sieb der Sekunden

Sieh Rom
im Geschmeide seiner Ruinen
fontänenvoll
hier im benachbarten Tivoli
und überall in der greisjungen Stadt
aus Steingeist und singender Armut

Regenbogen rollen vom bewässerten Licht
in die Tagebücher der Sammler
links und rechts trocknen die Toten
träumen die traurigen Augen der Verkäufer
lächeln dünne Damen
auf Kameen in Silberrahmen

Die Luft spricht Tradition
mit ungezwungener Zunge
Vokale tropfen ins lateinische Blut
die Moleküle der Zeit zerfallen
als Sprühregen
in geometrischen Reihen:
Wasserparabeln
zwischen Drusen aus Laub

Springbrunnenschwall
Von allen Seiten
sprudeln die Zeiten
um die Eile
Du glaubst den vorgetäuschten Perspektiven
glaubst dem Spektrum die Glorie
dem Wasser Bestand aus Bewegung
glaubst dem einen Schatten
die gesteigerte Gestalt
im Spiel der
unzerbrechlichen Spiegel

Rose Ausländer

Nach Italiens feigenhängen
möchtest ziehen du mit mir,
lauschen südlichen gesängen
wie ein nördlich fabeltier?

ach, geliebte, ich verspreche
alles, was dein herze heischt,
lasse becher, wirt und zeche,
wenn dein wandervogel kreischt.

trag dich über hundert berge
bis an den tyrrhener strand,
als ein sichrer alpenferge
nach der römer blauem land.

transportier dich unverdrossen
durch den tiefen tiberstrom,
zeig dir papst und artgenossen
drin im dunklen petersdom.

obelisken und maschinen
führ ich dir im stehen vor,
und nachher, um dir zu dienen,
einen schmucken verdichor.

biete dir ein klangerleben,
blas respighi dir ins ohr,
süßes zartes lusterbeben
an dem brunnen vor dem tor.

vor verwucherten ruinen
überm teich der wasserfloh
hüpft im glühn der mandarinen,
clairobscures domino.

an den wänden sommerkringel,
gecko flitzt auf pfeifenton,
der zikaden zirpgeklingel
tönt aus floras grammophon.

um des mittags geisterstunde,
schatten vom limonenstrauch
bringt uns langverlorne kunde,
kühle wie der laren hauch.

und wir hören nadeln fallen,
lieblich tickt die taschenuhr,
käfer heften ihre krallen
in das brautkleid der natur.

die siesta ist zu ende,
lackbeschuht der tag vergeht,
lauer dehnt sich das gelände,
sonne weit im westen steht.

holla ho, der abend purzelt
rücklings vom aldebaran,
alles, was noch nicht entwurzelt,
schickt sich zum entwurzeln an.

her den weinkrug, limonade,
sekt, champagner, eiscaffè,
gebt der bratwurst keine gnade,
stürzt euch in die orgie!

leuchtfontänen, wasserkünste,
wunderkerzen und salat,
öligschwüle bratendünste,
quellgemurmel und spinat!

tango, rock und tarantella,
cha cha cha und casatchok,
gugelhupf auf silberteller,
puderzucker im gelock!

freiheit, schöner göttergatte,
schinken aus elysium,
leicht benommen steigt der matte
vollmond über latium . .

ach geliebte, in den garten
laß uns aus dem trubel fliehn,
will, daß meine aufgesparten
küsse dir am mund verglühn.

putti zwinkern mit den augen,
auch erwachsne statuen,
steine, die zu nichts mehr taugen,
treiben moos im sternenschein.

ach wir flüstern platitüden
hier in diesem pinienhain,
ferne lauten mit etüden
finden sich zum kunstverein.

nachtigall streut ihre worte
in die seidne sparsamkeit,
während rosen an der pforte
düfte träufen in die zeit.

dieses war von mir das erste
lied, darin zitronen blühn,
daß ich nicht vor sehnsucht berste
sei von heut ab mein bemühn.

Hans Carl Artmann

Neapel und der Süden

Neapel

Schön ist immer Neapel und mild; in der glühenden Jahrszeit
Bietest du Zuflucht uns, luftige Küste Sorrents!

August von Platen

Angedenken an Neapel

Ja, verschwunden sind sie, sind verschwunden,
Jene kurzen, jene schönen Stunden,
Die auch ich am Pausilipp erlebt.
Holder Traum von Grotten, Felsen, Hügeln,
Inseln und der Sonne schönen Spiegeln,
Seen, Meer – du bist mir fortgeschwebt!

Fortgeschwebt die zaubernde Sirene,
Die mich ohne süßer Flöte Töne
Schwesterlich in ihre Arme nahm;
Und mein Herz schlug voller und geschwinder,
Und mein Blut floß reiner und gelinder,
Da ihr Atem mir entgegen kam.

Sehnend sah ich ihres Busens Wellen
Sanfter sich und reger zu mir schwellen,
Schwamm dann mit der Fläche sanft dahin;
Sah den schönen Kranz von Fels und Hügeln,
Sah die Sterne, sah den Mond sich spiegeln
In der süßen Freudegeberin.

Sah die Inseln in den Wellen schweben,
Träumt' auf ihnen ein beglücktes Leben,
Unbekannt und aller Welt entflohn;
Sammelt' nur um mich den Kreis der Meinen –
Ach, ihr Wellen, oft saht ihr mich weinen
Um sie, für sie, zu der Göttin Thron!

Wenn die Abendröt' im stillen Meere
Sanft verschwebte, und mit seinem Heere
Glänzender der Mond zum Himmel stieg,

Ach, da flossen mit so neuem Sehnen
Unschuldvolle, jugendliche Tränen;
Nur ein Seufzer sprach, und alles schwieg.

Nimmer, nimmer sollt ihr mir entschwinden,
Immer wird mein Herz euch wiederfinden,
Süße Träume, rein und zart und schön.
Nie wird euch mein Auge wiedersehen,
Doch ein Hauch wird lispelnd zu euch wehen:
»Ich, auch ich war in Arkadien.«

Johann Gottfried Herder

Lieg ich in der Freundin Armen,
Weine und nicht weiß warum,
Sie ist traurig, ich bin stumm,
Bis die Lippen mir erwarmen,
Ach dann schwebt es auf der Zunge,
Wäre ich doch nur ein Junge!

Wäre ich doch nur ein Junge,
Gingen wir in weite Welt,
Treulich wären wir gesellt,
Hielten uns noch fest umschlungen,
Wenn sich an der Welten Ende,
Mein Italien einst fände.

Wenn ich mein Italien fände,
Höhlten wir ein kleines Haus
Uns in Herkulanum aus,
Wo die schön bemalten Wände;
Wie die Schwalben in dem Sande
Bauten wir uns an im Lande.

Bauten wir uns an im Lande,
Steckten manches Flügelkind
In das Körbchen schnell geschwind,
Und verkauften's ohne Schande;
Leutchen, wer kauft Liebesgötter,
Ach es ist so liebreich Wetter.

Ach es ist so liebreich Wetter,
Kauft, ihr Mädchen jung und schön!
Eine kommt sie anzusehen,

Spricht: »Das sind die Liebesgötter?«
Ei bewahre, das sind Tauben,
Eine nur gehört zum Glauben.

Eine, die gehört zum Glauben,
Doch die Liebe alle braucht,
Und zum Boten jede taugt,
Läßt sich nicht ihr Brieflein rauben,
Als wo sie den Liebsten wittert,
Der sie oft mit Zucker füttert.

Achim von Arnim

Vor-Ostern
Neapel

Morgen wird in diesen tiefgekerbten
Gassen, die sich durch getürmtes Wohnen
unten dunkel nach dem Hafen drängen,
hell das Gold der Prozessionen rollen;
statt der Fetzen werden die ererbten
Bettbezüge, welche wehen wollen,
von den immer höheren Balkonen
(wie in Fließendem gespiegelt) hängen.

Aber heute hämmert an den Klopfern
jeden Augenblick ein voll Bepackter,
und sie schleppen immer neue Käufe;
dennoch stehen strotzend noch die Stände.
An der Ecke zeigt ein aufgehackter
Ochse seine frischen Innenwände,
und in Fähnchen enden alle Läufe.
Und ein Vorrat wie von tausend Opfern

drängt auf Bänken, hängt sich rings um Pflöcke,
zwängt sich, wölbt sich, wälzt sich aus dem Dämmer
aller Türen, und vor dem Gegähne
der Melonen strecken sich die Brote.
Voller Gier und Handlung ist das Tote;
doch viel stiller sind die jungen Hähne
und die abgehängten Ziegenböcke
und am allerleisesten die Lämmer,

die die Knaben um die Schultern nehmen
und die willig von den Schritten nicken;
während in der Mauer der verglasten
spanischen Madonna die Agraffe

und das Silber in den Diademen
von dem Lichter-Vorgefühl beglänzter
schimmert. Aber drüber in dem Fenster
zeigt sich blickverschwenderisch ein Affe
und führt rasch in einer angemaßten
Haltung Gesten aus, die sich nicht schicken.

Rainer Maria Rilke

Neapel

1.

Den Vesuv, doch ohne Feuer,
Seh ich, aber leider solo.
Auf dem vielberühmten Molo
Wandl' ich ohne Abenteuer.

Auch Gesindel hier, doch ohne
Jene genialen Funken.
Hie und da nur schlafestrunken
Grinst mich an der Lazzarone.

In der Ferne meerumschlungen
Ragt dort Capris felsig Eiland,
Wo Sirenen hausten weiland
Und wo Platen jüngst gesungen.

Eine Barke zieht vom Stapel.
Gähnend schau ich die Gesichter
Zum Beweis, daß selbst ein Dichter
Sich gelangweilt in Neapel.

2.

Komm, verlaß das Land, das trübe!
Unterm Himmel von Italien
Wollen wir im Wein der Liebe
Feiern unsere Bacchanalien.

Uns zu Häupten dunkle Pinien,
Blaues Meer zu unsern Füßen,
Will ich diese Wellenlinien
Deiner schönen Glieder küssen.

Unter schatt'gem Lorbeerstrauche
Brechen wir uns deutsche Lilien,
Während süße Balsamhauche
Wehn herüber von Sizilien.

Komm, o komme bald, du kleine
Zage deutsche Zitterpappel,
Komm in die Orangenhaine
An dem Golfe von Neapel!

3.

Nicht allein in Rathaussälen
Zwischen Akten voll von Schimmel,
Hier auch unter blauem Himmel
Wo sich Land und Meer vermählen,

Kann man seine Zeit verdehnen,
Philosophisch voll Behagen
Welten in dem Busen tragen
Und ein All sich selber wähnen.

Hier auch kann man müßig lungern
Und mit Träumen sich erquicken;
Nicht in kleinen Republiken
Braucht ein Dichter zu verhungern.

Heinrich Leuthold

Der Vesuv im Dezember 1830

Schön und glanzreich ist des bewegten Meeres
Wellenschlag, wann tobenden Lärms es anbraust;
Doch dem Feu'r ist kein Element vergleichbar
  Weder an Allmacht,

Noch an Reiz fürs Auge. Bezeug' es jeder,
Der zum Rand abschüssiger Kratertiefe,
Während Nacht einhüllt die Natur, mit Vorwitz
  Staunend emporklimmt,

Wo im Sturmschritt rollender Donner machtvoll
Aus dem anwuchsdrohenden, steilen Kegel
Fort und fort auffahren in goldner Unzahl
  Flammige Steine,

Deren Wucht, durch Gluten und Dampf geschleudert,
Bald umher auf aschige Höhn Rubine
Reichlich sät, bald auch von des Kraters schroffen
  Wänden hinabrollt:

Während still, aus nächtlichem Grund, die Lava
Quillt. – Des Rauchs tiefschattige Wolk' umdüstert,
Holder Mond, dein ruhiges, friedensreiches
  Silbernes Antlitz.

August von Platen

Lied vom Meer

Capri. Piccola Marina

Uraltes Wehn vom Meer,
Meerwind bei Nacht:
   du kommst zu keinem her;
wenn einer wacht,
so muß er sehn, wie er
dich übersteht:
   uraltes Wehn vom Meer
welches weht
nur wie für Ur-Gestein,
lauter Raum
reißend von weit herein …

   O wie fühlt dich ein
treibender Feigenbaum
oben im Mondschein.

Rainer Maria Rilke

Die Prozession in Capri

Zur Zeit, wo er noch nicht vergessen
Trugen sie zum Gedenken an ihn zwar jedes Jahr
Seine Bilder durch ihre Städte.

Voraus aber trugen sie alles, was
Nötig war, ihn zu töten
Nägel, ihn zu zerfleischen
Den Hahn, ihn zu verraten
Die Würfel, sein Kleid zu teilen

Aber hinter dem Bild seines Leichnams
Trugen sie seine Mutter
So hoch, daß der Himmel zu nieder war
Und hinter ihr her getragen werden
Mußte.

Bertolt Brecht

Einladung nach Sorrent

Laß, o laß, Freund, stieben den Staub Neapels,
Hinter dir laß jene von tausendstimm'gem
Kaufgeschrei lauthallende, hochgetürmte
Straße Toledo!

Wo so furchtlos, trotz des Gerolls der Wagen,
Auf dem Korb, den voll sie gebracht zu Markte,
Nun er leer steht, schlummern die wegesmüden
Knaben des Landvolks.

Komm hieher, laß reinere Luft umwehn dich!
Sieh, wie farbreich, doppeltes Grün vermischend,
Hier vom Ölbaum rankt zu dem andern Ölbaum
Schlingen der Weinstock,

Dessen Frucht schon rebengesenkt herabreift:
Feige lockt, einhüllend in breitres Laub sich,
Ja, bis tief, bergtief in der Schlucht gedeihst du,
Schöne Zitrone!

Schatten winkt hier, Schatten und sanfte Labung,
Die des Meers Salzwoge dem Kühnen zuhaucht,
Der an Felsvorsprüngen erlauscht beschäumter
Brandungen Ankunft.

Bäder auch, weichsandiger Wellengrund ist,
Wo die Steinwand Lasten erträgt von Efeu,
Grotten sind hier, kühler als San Giovannis
Höhlenvertiefung,

Wo so oft hinruderten uns die Schiffer,
Wo die rotblau dunkelnde See wie Purpur
Glänzte. Dort, Freund, gönntest dem Freund du manche
Lehre der Schwimmkunst.

Komm, und sieh, hochoben vom Dach, den Spiegel
Dieses Golfs, weiteben und segelreich an!
Sieh von fern herwehen den Rauch Neapels
Sieh des Vesuvs Rauch!

Inseln auch, komm! schmücken das Meer: Es streckt sich
Ischia turmgleich, Procida langgedehnt aus,
Kap Misen ragt mitten im Abendlicht als
Nackende Felsbrust,

Die im Kahn sonst schaukelgewiegt umschifft wir,
Als begrüßt wir jenes zerstörte zwar, doch
Stets in Lenzglut schimmernde, stets mit Zephirn
Buhlende Bajä.

Unser Bund, kein Bund wie die meisten, ist er:
Zeugen sind, holdlachende, Meer und Erdkreis,
Zeugen sind ehrwürdige Trümmer, welche
Römergewalt schuf.

Deines Bilds Bild ruhte mir längst im Innern,
Seit der Freundschaft Seelenberuf erwacht war,
Der so gern schaun möchte des eignen Wesens
Edlere Selbstheit.

Hohe Tatkraft! Adel der Form! Die Zeit hat
Tief in Roms brachliegenden Schutt versenkt euch,
Hat als Bruchstück nieder ins Gras die schöne
Säule geschleudert!

Liebe blieb, Freund! Busen an Busen laß uns
Dienen ihr! Einst wieder vielleicht vermählt sich
Ihr des Hochsinns Genius, dann erbaut auch
Wieder ein Rom sie.

August von Platen

Abschied

Und da ich, mein Sorrent, nun scheiden muß,
Noch stets zu früh nach so viel Wonnetagen,
Laß dir den Dank, mein vielgeliebtes, sagen
Für meines Gastrechts herrlichen Genuß.

Der Wandrer, den sein unstet hast'ger Fuß
Durch Thermen, Tempel und Museen getragen,
Er wird, was mir vergönnt ward, nie erjagen,
Nie ganz verstehn Italiens Genius.

Ich aber durft' in dieses Volkes Mitte
Belauschen seines Herzens freien Schlag,
Nicht eingeschränkt durch heuchlerische Sitte,

Daß offen seine Seele vor mir lag,
Wie eines Freunds, und jetzt mit herbem Schnitte
Der Abschied ein Stück Herz mich kosten mag.

Paul Heyse

Amalfi

Dich rühm ich wieder, Stadt, dem weiten Bogen
Der starren Felsenberge eingefügt
Die Schluchten steil ins Finstere gezogen
Die reichen Hänge von der Flut umwiegt.

Du Braut des Meeres in Geschmeid und Tränen
Beglänzte Stirn, dem Lichte zugewandt
Campaniens Stolz und Raub der Sarazenen
Vom grellen Strahl gesegnet und verbrannt.

Du trägst an deinem Leib die Elemente
Verderb und Weh, ein unvergänglich Mal
Bergüber flogen des Vesuves Brände
Sturzbäche rissen Fels und Haus zu Tal.

Es stieg das Meer hochauf zu deinen Füßen
Der Kirchen Hallen, der Paläste Flucht
Versanken, von den Wellen fortgerissen
Und dämmern auf dem Grunde deiner Bucht.

Und doch, du lebst. So fest im Überdauern
So lieblich in des jungen Tages Zeit
Noch breiten zwischen Meereshang und Mauern
Ölwald und Wein ihr ewig schönes Kleid.

Noch glüht das Gold, das aus den fernen Reichen
Des Orients die Schiffe dir gebracht
Noch ragen Türme, die mit Feuerzeichen
Weit übers Meer erhellten deine Nacht.

Dem fremden Gast, der in des Mittags Schweigen
Vom Bug des Schiffes ferne dich erspäht
Wirst du dich stolz, als eine Feste, zeigen
Vom Fels umstarrt, von Wolken überweht.

Tief in dem dunkeln Labyrinth der Gassen
Glänzt ihm ein Marmorhaupt, ein Fabeltier
Es tragen vor den ärmlichen Gelassen
Gebälk und Fenster maurisch reiche Zier.

Den Hügel auf, wo deine Toten wohnen
Steigt er im kalten Höhlenwind der Schlucht
Und schaut beglänzt die fernen Farglionen
Und Hellas' Tempel überm Blau der Bucht.

Und da er fühlt, wie Blühen und Verderben
Sich tief durchdringt und wunderbar vertauscht
Begrüßt du ihn als einen Sohn und Erben
Der alten Reiche, die das Meer umrauscht.

Marie Luise Kaschnitz

Das Bad

Sie ist ins Meer gegangen –
Wie wird so rot das Meer!
Wird's rot von ihren Wangen?
Wird's rot vom Himmel her?

Wie glühen meine Wangen?
Ist's Glut vom Himmel her?
Ist's Glut, die mein Verlangen
Entsog dem tiefen Meer?

Im Schilfe hör ich's rauschen.
Ist es der Abendwind?
Ich möchte gehn und lauschen,
Und bebe wie ein Kind.

Ich möcht vom höchsten Baume
Mich stürzen in die Flut!
Ich möchte zu weichem Schaume
Verspülen meine Glut!

Und du, o Meer, kannst liegen
So ruhig und so kalt,
Und darfst dich schlingen und schmiegen
Um sie mit Allgewalt!

Wilhelm Müller

Pästum

Brütend liegt der Mittag über
Pästums öder Fiebergegend,
Schwüle Nebel niederlegend,
Selbst die Sonne schimmert trüber,
Und die alte Stadt Poseidons,
Stumm und einsam liegt sie da,
Ein zerstörtes Sodoma.

Auf zerbrochnen Steinkolossen
Umgestürzter Architrave
Blühen Kaktus und Agave,
Um die alten Mauern sprossen
Rote Blumen und Akanthus;
Duftig wuchern drüberhin
Thymian und Rosmarin.

Nur ein gelber Tempelriese
Trägt noch seine Quaderbalken,
Um den Giebel fliegen Falken,
Efeu rankt sich um die Friese;
Und die Natter und die Eidechs
Sonnt sich an der Tempelwand,
Wo geflammt der Opferbrand.

Ungebrochen stehn die schlanken
Dorersäulen; ein Jahrtausend
Sahen sie vorüberbrausend;
Throne stürzten, Völker sanken;
Über ihre Marmorhäupter
Wie durchs Meer, dem sie geweiht,
Weht ein Hauch der Ewigkeit.

Hermann von Lingg

Paestum

Es ist kein Übergang, auf leerem Strande
Des Meeres flache Klinge glänzt und schabt,
Kein Klang das Ohr mit Gegenwärtigem labt,
Der Hades saugt herab den Schritt im Sande.

Die Büffel weiden käuend durch die Mauer,
Stumm frißt die Zeit, was selbst an Götter grenzt;
Doch klar das Rechteck schlanker Quadern glänzt
Im grauen Gras: o schön behau'ne Dauer!

Und tief im Distelfeld mit goldner Strenge
Die Tempel ihre alten Stirnen tragen
So jung zum Meere, um ihm Dank zu sagen

Für Schiff und Last, die segensvolle Menge.
O ohne Übergang, ein ewig Danken,
Da schon im First die losen Steine wanken.

Stefan Andres

Bei den Tempeln von Paestum

Hier läßt sichs atmen. Und hier stirbt sichs leicht.
Die weißen Ochsen tragen ihr Gehörn.
Der Falke jagt im dunklen Himmel.
Die Tempel stehen still erhaben da.

Es blüht der Löwenzahn, grad wie bei uns,
Mit goldner Farbe und in großer Zahl.
Die Götter mögen auch den Löwenzahn?
In Bayern steht er so auf jeder Wiese.

Mein Schatten wirft sich schwarz.
Und Schatten, Himmel und der Löwenzahn
Sind wie bei uns.

Die Tempel sind mir gar nicht fremd.
Sie stehen still erhaben da.
Hier läßt sichs atmen,
Und hier stirbt sichs leicht –
So denkt das Herz,
Und hört der Säulen weißes Wort
Im leichten Wind
Wie Zitherspiel am Tegernsee.

Georg Britting

In Apulien

Unter den Olivenbäumen schüttet Licht die Samen aus,
Mohn erscheint und flackert wieder,
fängt das Öl und brennt es nieder,
und das Licht geht nie mehr aus.

Trommeln in den Höhlenstädten trommeln ohne
 Unterlaß,
weißes Brot und schwarze Lippen,
Kinder in den Futterkrippen
will der Fliegenschwarm zum Fraß.

Käm die Helle von den Feldern in den Troglodytentag,
könnt der Mohn aus Lampen rauchen,
Schmerz im Schlaf ihn ganz verbrauchen,
bis er nicht mehr brennen mag.

Esel stünden auf und trügen Wasserschläuche übers
 Land,
Schnüre strickten alle Hände,
Glas und Perlen für die Wände –
Tür im klingenden Gewand.

Die Madonnen stillten Kinder und der Büffel ging' vorbei,
Rauch im Horn, zur grünen Tränke,
endlich reichten die Geschenke:
Lammblut, Fisch und Schlangenei.

Endlich malmen Steine Früchte, und die Krüge sind
 gebrannt.
Öl rinnt offnen Augs herunter,
und der Mohn geht trunken unter,
von Taranteln überrannt.

Ingeborg Bachmann

Das Grab im Busento

Nächtlich am Busento lispeln, bei Cosenza, dumpfe
Lieder,
Aus den Wassern schallt es Antwort, und in Wirbeln
klingt es wieder!

Und den Fluß hinauf, hinunter ziehn die Schatten
tapfrer Goten,
Die den Alarich beweinen, ihres Volkes besten
Toten.

Allzufrüh und fern der Heimat mußten hier sie ihn
begraben,
Während noch die Jugendlocken seine Schulter blond
umgaben.

Und am Ufer des Busento reihten sie sich um die
Wette,
Um die Strömung abzuleiten, gruben sie ein frisches
Bette.

In der wogenleeren Höhlung wühlten sie empor die
Erde,
Senkten tief hinein den Leichnam, mit der Rüstung,
auf dem Pferde.

Deckten dann mit Erde wieder ihn und seine stolze
Habe,
Daß die hohen Stromgewächse wüchsen aus dem
Heldengrabe.

Abgelenkt zum zweiten Male, ward der Fluß herbeigezogen:
Mächtig in ihr altes Bette schäumten die Busentowogen.

Und es sang ein Chor von Männern: Schlaf in deinen Heldenehren!
Keines Römers schnöde Habsucht soll dir je dein Grab versehren!

Sangen's, und die Lobgesänge tönten fort im Gotenheere;
Wälze sie, Busentowelle, wälze sie von Meer zu Meere!

August von Platen

Aus: Hymne an Sizilien

Ich liebe diese vielen, vielen kleinen Gärten,
Versteckte Brünnlein mit vergnügten Plätscherlilien,
Die kühlen Erdbeerplätze voll von Laubkonzerten:
Vererbte maurische Gedichte auf Sizilien!

Die blauen Bäche lächeln um die braunen Quellen,
Die Zäune jubeln, und die Grenzen rauschen,
Die Fluten flunkern unter glühenden Libellen.
Ein lauter Pfau beginnt sich bräutlich aufzubauschen.

Verliebte Schmetterlinge flimmern durch die Lauben.
Die Erde überschüttelt sich mit bunten Nelken.
Das summt umher: im Gärtchen fliegen goldne Trauben:
Doch stirbt die Biene, wo die Blüten nimmer welken!

Granatäpfel erwarten ihre Fieberwangen.
Das Gold der Apfelsine soll aus Reife rosten.
Es kommen Düfte fast bestürzend angegangen:
Wie wonnevoll entzaubert sich ein holder Osten!

Theodor Däubler

La Zisa bei Palermo

Hinab vom Schloß arabischer Emire,
Das aus dem Garten aufragt hochgezinnt,
Laß ich die Blicke gleiten und verliere
Mich in ein Blütenlabyrinth.

Fern über Pinien mit dem breiten Schirme
Und über Gärten voll der Aloe,
Bleikuppeln, Dome und Normannentürme
Am Klippenstrand der blauen See!

Noch gießt, wie zu der Zeit der Sarazenen,
Das Schöpfrad Wasserfülle durch das Tal;
Zum Regenbogen bricht auf den Fontänen
Noch blitzend sich der Sonnenstrahl;

Und aus der Schlucht herab, wo Indiens Feige
Auf sonnverbrannten Zackenfelsen glüht,
Schwebt müden Fittichs durch die Mandelzweige
Das Wüstenkind, der heiße Süd.

Gleich einer Sultanin, die nach dem Bade
Im Palmenhaine, märchenlauschend, liegt,
Ruht wollustvoll Palermo am Gestade,
Vom Wellenschlag in Traum gewiegt.

Doch nachts, so sagt man, oft geht durch die Wogen
Ein dumpfes Murmeln; schäumend wallt die Flut;
Schwarz türmen Wolken sich am Himmelsbogen,
Durchflammt von roter Nordscheinglut.

Und Blitze zucken; Donner rollt; Walküren
Mit goldenem Helm ziehn durch die Nacht hindurch,
Mit Krachen öffnen sich die eh'rnen Türen
   Zu Odins hoher Götterburg;

Und Schiffe sieht man schwanken; Waffendröhnen
Und Kriegerruf, vom Sturme halb gedämpft,
Hallt auf dem Meer, wo mit den Wüstensöhnen
   Des Nordmanns Heere lang gekämpft.

Adolf Friedrich von Schack

Agrigent

Der Sturm hat die Kabel zerrissen. Kein Licht
Im Dom von Agrigent.
Nur Kerzen um den starren Katafalk
Und die grauen Gebete der Schatten.

Erloschen im Fenster die Stadt und achtlos
Hingeworfen über die breiten Hügel.
Scheinwerferstrahl verloren in den Schluchten
Taucht auf, verschwindet.

Eine Stimme, wann in der Nacht, rief – Empedokles!
Und einer am erloschnen Lagerfeuer
Erwachte, sah den Angerufenen
In einem Glanz von Fackeln bergwärts und
Dann niemals wieder.

Phädra im Kerzenlicht, die Klagende
Tritt aus dem Sarkophag und Hippolyt.
Die Hufe stampfen und die heilige Kammer
Hallt wider vom wahnwitzigen Liebesschrei.

Stehen die Wächter wartend nicht am Tor
Und wandert fernher nicht in Regengüssen
Über Felsspalten springend, blutend vom Hagel
Der dem Tode Versprochene?

Der Sturm hat die Kabel zerrissen in der Stadt Agrigent.
Glühend leben die Toten.

Marie Luise Kaschnitz

Empedokles

Das Leben suchst du, suchst, und es quillt und glänzt
Ein göttlich Feuer tief aus der Erde dir,
Und du in schauderndem Verlangen
Wirfst dich hinab, in des Aetna Flammen.

So schmelzt' im Weine Perlen der Übermut
Der Königin; und mochte sie doch! hättst du
Nur deinen Reichtum nicht, o Dichter,
Hin in den gärenden Kelch geopfert!

Doch heilig bist du mir, wie der Erde Macht,
Die dich hinwegnahm, kühner Getöteter!
Und folgen möcht ich in die Tiefe,
Hielte die Liebe mich nicht, dem Helden.

Friedrich Hölderlin

Taormina

Wieder und wieder hat
Der irrsinnige Heizer Hephaistos
Das schwarzbärtige Haupt aus der Luke gehoben
Hat roten Schmelzfluß, glühende Kohlenbrocken
Auf die blumigen Wiesen gestreut.

Mit dem nachtschwarzen Auswurf hat man die Häuser
gebaut
Und die Mauern der Burg. Über giftgelber Schwefelader
Wuchert der Erdbeerstrauch und die sphärische
Wolfsmilch.

Hochauf wirft sich das Meer plötzlich bei tiefblauem
Himmel.
Ströme von Schaumflut schießen über die Klippen.
Entlang der Küste klappert das metallene
Gestänge im weißen Orkan.

Ruhig legt der gigantische Berg
Seine breiten Schneefelder, schön gefaltete, aus.
Im Wolkenspalt erscheint das Bäumchen Rauch.
Rosenfarben beglänzt
Vom Feuer der Tiefe.

Marie Luise Kaschnitz

VI

Unterrichtet in der Liebe
durch zehntausend Bücher,
belehrt durch die Weitergabe
wenig veränderbarer Gesten
und törichter Schwüre –

eingeweiht in die Liebe
aber erst hier –
als die Lava herabfuhr
und ihr Hauch uns traf
am Fuß des Berges,
als zuletzt der erschöpfte Krater
den Schlüssel preisgab
für den verschlossenen Körper –

Wir traten ein in verwunschene Räume
und leuchteten das Dunkel aus
mit den Fingerspitzen.

Ingeborg Bachmann

Epilog

Schade, daß man hier nicht dauernd leben kann. Von diesen kurzen Besuchen hat man nichts als ungestillte Sehnsucht und die Empfindung der Unzulänglichkeit auf allen Seiten.

Sigmund Freud

Abschied

Weiter wird wachsen das Öl,
Weiter wird steigen das Harz,
Über Wolken der Glutberg im Weltmeere schwimmen;

Neues Piniengewölk,
Wie die Schatten Vulkans,
Wird gesänftigten Ernstes die Schroffen erklimmen:

Tot noch wünschst du dir, Herz,
Nur als Orangenduft
Möge ein Gott dein Blühendes hierher entführen,
Wünschst, nur ein roter Ball
Unter den hundert des Baums,
Hier noch einmal den seligen Sand zu berühren.

Oskar Loerke

Anhang

Land der Sehnsucht – Land der Träume

Deutsche Dichter in Italien

Daß Italien eines der beliebtesten Urlaubsländer erholungssuchender und sonnenhungriger Nord- und Mitteleuropäer ist, wird uns jedes Jahr von der Tourismusindustrie statistisch bewiesen. Millionen reisen an die Strände des Mittelmeeres, an diese »Tummelplätze der Sehnsucht, Weidegründe des Fernwehs«, wie Marie Luise Kaschnitz es formuliert, um mediterrane Lebensart, den Chianti, den Barolo und die Pasta asciutta, den »prosciutto« und die »scaloppine« oder den unvergleichlichen »ossobuco« zu genießen. Diese Art der Italienbegeisterung hat sich erst im Laufe des 20. Jahrhunderts entwickelt. Doch schon lange vor dem Massentourismus war Italien für deutsche Intellektuelle das »Land der Sehnsucht«, ein »Land der Träume«. Der aus Stendal stammende Kunstwissenschaftler und Archäologe Johann Joachim Winckelmann, jahrelang Aufseher über die Altertümer in und um Rom, hatte die Richtung gewiesen. Goethe setzte die Wegmarkierungen. Mit diesen beiden Namen sind die Initiatoren zahlloser Kunstreisen genannt.

Bis zu Winckelmann war Italien vorwiegend Ziel von Pilgerfahrten, in deren Zentrum neben den bedeutenderen Wallfahrtsorten hauptsächlich Rom stand, und der sogenannten »Kavalierstour«, der Bildungsreise, die junge Herren aus gutem (und begütertem) Hause zum Abschluß ihrer Ausbildung absolvierten, um ihren Horizont zu erweitern und für Aufgaben in hohen Ämtern gewappnet zu sein. Hier stand es gleichrangig neben Frankreich, Spanien, Polen und anderen europäischen Ländern. Mit Winckelmann änderte sich der Reisegrund: Seit er Italien zum Mutterland einer Kunst erklärt hatte, die nach antikem Vorbild »edle Einfalt und stille Größe« in sich vereine, werden Kunstreisen nach Italien für Gebildete eher die Regel denn die Ausnahme. Kein bedeutender deutscher bildender Künstler, kein Komponist oder Musiker und schon gar kein bedeutender Dichter oder Schriftsteller, der nicht die Verpflichtung und den Drang nach Italien verspürte und ihnen nachgab. Manch einer siedelte zeitweilig oder für immer in das »Gelobte Land« über. Eine Liste der deutschen Italienreisenden liest sich wie ein »Who's Who« der Künste. Nach Winckelmann und noch vor Goethe hatte Wilhelm Heinse eine Kunstreise unternommen, die ihn ein vorwiegend erotisches Italien entdecken ließ. Seine Reiseeindrücke spiegeln sich in seinem bekannten Renaissance-Roman »Ardinghello«. Doch ist es erst der Weimarer Dichter, Minister und Geheimrat, der aus dem Dreiklang bildende Kunst, arkadische Landschaft und ungezähmte Natur ein Italienbild erzeugte, dessen Faszination über die Zeiten hinweg anhielt.

»Es ist mir als wenn ich hier gebohren und erzogen wäre und nun von einer Grönlandfahrt Von einem Wallfischfang zurückkäme. Alles ist mir willkommen, auch der Vaterländische Staub der manchmal starck auf den Strassen wird und von dem ich nun solang nichts gesehen habe.« Diese Worte trug Goethe am 11. September 1786 in Trient in sein Tagebuch ein. Sie lesen sich wie der Stoßseufzer eines Reisenden, der nach langer Abwesenheit wieder Heimatboden betritt. Und doch war es das erste Mal, daß Goethe italienische Luft atmete.

Heimlich war er am 3. September 1786 aus Karlsbad, wo er zur Kur weilte, abgereist, ohne zuvor nach Weimar zurückzukehren. Goethes Aufbruch war eine Flucht, mit deren Hilfe er sich seiner Bindungen und Verpflichtungen entledigte. Über München und den Brenner reiste er nach Italien ein; über den Gardasee und Verona ging es nach Venedig, von dort über Florenz nach Rom, wo er am Abend des 29. Oktober 1786 eintraf. Die Reise dauerte also 57 Tage – nicht nur weil im 18. Jahrhundert das Reisen mit der Postkutsche langwierig und meist auch unbequem war, sondern weil er sich unterwegs aufhielt und die Sehenswürdigkeiten betrachtete, ja geradezu studierte. Goethe reiste inkognito – als Leipziger Maler Jean Philipp Möller, um allem Rummel um den europaweit berühmten Autor des *Werther* zu entgehen. In Rom blieb er bis zum 22. Februar 1787. Kaum einen Tag ließ er ungenutzt verstreichen, besichtigte die antiken Stätten, den Petersdom, die Sixtinische Kapelle, Raffaels Fresken im Vatikan, unternahm Ausflüge in die Umgebung, nach Frascati, Albano, Castelgandolfo. Dann reiste er nach Neapel, besuchte Pompeji und Paestum und bestieg dreimal den Vesuv bis zum Kraterrand. Zu Schiff ging es nach Sizilien, wo er in Palermo Quartier nahm. Die Insel erkundete er zu Pferde mit mehrtägigen Aufenthalten jeweils in Agrigento, Taormina, Catania und Messina. Am 14. Mai 1787 traf er wieder in Neapel ein, wo er noch einige Zeit blieb (und einen Ausbruch des Vesuvs erlebte), um dann wieder in die »ewige Stadt« zu reisen, wo er vom 7. Juni 1787 bis zum 23. April 1788 blieb. Die Rückreise erfolgte über Florenz (elf Tage Aufenthalt), Modena, Parma, Mailand, den Comer See, Chur und Vaduz nach Konstanz. Von dort ging es nach Weimar, wo Goethe am 18. Juni 1788 eintraf. Seine italienische Reise hatte also fast zwei Jahre gedauert.

Daß diese Reise für Goethes Persönlichkeitsentwicklung und für sein Werk von eminenter Bedeutung war, braucht nicht besonders betont zu werden. Sie wurde aber auch von herausragender Bedeutung für die Nachwelt. Kaum ein Intellektueller des 19. und 20. Jahrhunderts, der nach Italien reiste, konnte sich dem Einfluß von Goethes *Italienischer Reise*, so der Titel seiner Italienerinnerungen (die in mehreren Teilen von 1816 bis 1829 erschienen; bereits seit 1789 lag *Das römische Karneval* vor), entziehen. Sie ist geprägt von dem Bemühen um Selbststilisierung, das auch *Dichtung und Wahrheit* eigen ist. Goethes *Italienische Reise* ist vom Ende her geschrieben, der Mittsechziger blickt zurück auf sein Italienerlebnis und interpretiert und deutet es im Sinne einer Persönlichkeitsentwicklung, die er schon kennt. Gerade diese Stilisierung und diese Verknüpfung mit der Persönlichkeitsentfaltung machte sie zur Pflichtlektüre für alle Italienreisenden. Die meisten Intellektuellen des 19. und 20. Jahrhunderts reisten auf Goethes Spuren, besuchten die Orte, an denen er sich aufgehalten hatte, sahen Land und Leute mit seinen Augen. Vor allem er hat zur Entstehung des Mythos Italien beigetragen. An ihm arbeiteten Autoren wie August von Platen, Rainer Maria Rilke, Hugo von Hofmannsthal, Hermann Hesse, Hans Carossa, Marie Luise Kaschnitz und viele, viele andere unermüdlich weiter. Und selbst italienkritische Dichter wie Heinrich Heine, Friedrich Hebbel, Theodor Fontane (um nur diese zu nennen) bestätigen das Bild.

Die deutsche Italiendichtung beginnt, sieht man von den wenigen früheren Zeugnissen ab, in der Goethezeit; sie dauert bis heute ungebrochen an – allein schon bedingt durch das Villa-Massimo-Stipendium, mit dem die deutsche Bundesregierung Schriftstellern und Künstlern seit 1957 einen mehrwöchigen Studienaufenthalt in Rom ermöglicht. Sie konzentriert sich im wesentlichen auf vier Regionen: auf Norditalien mit dem Schwerpunkt Venedig, auf Florenz und die Toskana, auf Rom und Umgebung sowie den Golf von Neapel (weniger die Stadt selbst als die landschaftlich besonders reizvoll empfundene Region von Sorrent und Amalfi). Die Gliederung unserer Italiengedichte folgt dieser Vorliebe, konzentriert sich auf diese Regionen, die Texte in Form eines Reiseverlaufs anordnend. Sie laden nicht nur zur

Lektüre, sie laden zum (gedanklichen) Nachreisen ein – jeden, der bereit ist, Neues zu entdecken, Abstecher zu machen, Umwege in Kauf zu nehmen. Vom Norden, von Südtirol und den Dolomiten, führen sie nach Venedig, der »Perle an der Adria«, deren Untergang als wirtschaftliche und politische Größe mit dem Jahr 1797, dem Verlust der Selbständigkeit, besiegelt schien – wenn nicht parallel dazu sein Aufstieg als ästhetisches Objekt und vieldeutige Metapher und damit eine eigenständige Venedig-Dichtung begonnen hätte. August von Platen ist der erste, der Venedig den Vorrang vor der »Goethestadt« Rom gibt:

Plump und zu bunt ist Rom, und Neapel ein Haufe
von Häusern;
Aber Venedig erscheint eine vollendete Stadt.

Bedeutende Künstler aus ganz Europa hielten sich zeitweilig in Venedig auf, um entweder die alten Meister zu studieren, die Architektur zu genießen oder sich einfach vom Glanz der Stadt inspirieren zu lassen. Seit Platen ist die »Serenissima« neben Rom die am häufigsten besungene italienische Stadt, deren Bewunderer nach Legionen gezählt werden können, deren negative Seiten im Laufe des 20. Jahrhunderts aber immer stärker betont werden, bis sie schließlich als Teil und Symbol eines allgemeinen Untergangs fungiert.

Von Venedig führt unsere Reise zunächst durch die Emilia Romana und die Lombardei, berühmte Städte aufsuchend, nach Mailand und seinem berühmten Dom. Von dort geht es nach Genua und die ligurische Küste mit den Stationen Portofino und Sestri Levante entlang in die Toskana, deren Zentrum, Florenz, die blühende Stadt, im Mittelpunkt des Interesses steht. Nicht nur die Landschaft, gerade die Kunst der Renaissance faszinierte viele Autoren: Leonardo da Vinci, Michelangelo, Tizian,

Benvenuto Cellini, Giambologna, Fra Angelo sind häufig genannte Namen.

Rom, die Hauptstadt des Römischen Reiches der Antike und das religiöse Zentrum des Katholizismus, ist die nächste Reisestation. Die deutsche Rom-Dichtung in Vers und Prosa ist Legion (allerdings nicht so stark vertreten wie die zu Venedig). Hier bieten die ausgewählten Gedichte die Möglichkeit, den Wandel des Rom-Bildes von Goethes Römischen Elegien (1795) über Hebbel, Conrad Ferdinand Meyer, Rilke bis zu Marie Luise Kaschnitz, Ingeborg Bachmann, Rolf Dieter Brinkmann und H. C. Artmann zu verfolgen. Nicht jeder ist von Rom begeistert: Georg Herwegh kritisiert den Machtanspruch des Papstes (schon Luther vermochte in Rom, wo er sich 1510/11 aufhielt, nur den Sitz des Teufels zu erkennen); Peter Rühmkorf durchleuchtet kritisch die Geschichte. »Zu viel Abendland, / verdächtig«, heißt es in einem (hier nicht aufgenommenen) Gedicht von Günter Eich, der deshalb keine Münzen in den Brunnen werfen will, um nicht wiederkommen zu müssen.

Neapel und dem Süden ist die letzte unserer lyrischen Reisen gewidmet. Sie führt von der Stadt unter dem Vesuv zu einem Kurzbesuch auf Capri, von dort nach Sorrent und Amalfi sowie zu den berühmten Ruinen von Paestum und endet – nach einem Abstecher nach Apulien – auf Sizilien, dessen Bild in den ausgewählten Texten geprägt ist vom Ätna und der von ihm ausgehenden Bedrohung sowie dem (historisch nicht belegten) Tod des Philosophen Empedokles im Feuerschlund des Vulkans.

Wir verlassen das Land mit Oskar Loerkes Gedicht *Abschied*, das – Motive aus Goethes Prologgedicht *Kennst du das Land, wo die Zitronen blühn* aufgreifend – die Sehnsucht nach dem gelobten Land über den Tod hinaus thematisiert: Nur als Orangenduft zurückzukehren genügt dem das Land liebenden Herzen, das sich wünscht, den »seligen Sand« auch im Tod noch einmal berühren zu dürfen – und sei es nur als eine Orange unter hundert anderen, die im dunklen Laub eines Baumes glühen.

Die formal wie inhaltlich abwechslungsreich gestalteten Gedichte bieten ein breites Spektrum und unterschiedlichste Perspektiven, sind Zeugnisse vielfältiger Auseinandersetzung mit ihrem jeweiligen Gegenstand und dem tradierten Italienmythos. Sie thematisieren anhaltende Italiensehnsucht, kritisieren sie aber auch, formulieren Begeisterung wie Enttäuschung, gehen aber in jedem Fall über den bei vielen heutigen Italienreisenden vor- oder alleinherrschenden Konsumwunsch hinaus. Italienkennern geben sie Gelegenheit zur Rückerinnerung, zum Vergleich mit eigenen Erfahrungen, aber auch zur Neuentdeckung und Neubewertung. Anderen bieten sie die Möglichkeit, dieses vielbesungene und vielbereiste Land mit den Augen der Dichter kennenzulernen.

Hansjürgen Blinn

Der Herausgeber

Dr. Hansjürgen Blinn (geb. 1941) ist Literaturwissenschaftler an der Universität des Saarlandes in Saarbrücken. Thematische Schwerpunkte seiner zahlreichen Publikationen sind der Informationstransfer in den Geisteswissenschaften, die Frauenliteratur, die Aufnahme Shakespeares in Deutschland und erotische Literatur. Er ist Mitherausgeber des *Fischer Handbuchs Theater, Film, Funk und Fernsehen* (1997) und Autor des *Informationshandbuches Deutsche Literaturwissenschaft* (4. Ausgabe 2001). 1999 erschien von ihm: *Erotische Lyrik der galanten Zeit* (Insel-Taschenbuch, 2280). Im Aufbau-Verlag publizierte er mit großem Erfolg *Ich will dich. Die hundert schönsten erotischen Gedichte* (2001) und im Aufbau Taschenbuch Verlag *Rote Lippen. Die schönsten Kuß-Gedichte* (2003).

Alphabetisches Verzeichnis der Autoren und Quellen

Der Abdruck der Texte folgt den angegebenen Vorlagen. Lediglich bei älteren Autoren wurden die Gedichte in Orthographie und Interpunktion behutsam den heutigen Gepflogenheiten angepaßt. – Herausgeber und Verlag danken den Inhabern der Urheberrechte für die freundliche Erlaubnis zum Abdruck der Texte. Ein herzlicher Dank des Herausgebers für die gute Zusammenarbeit mit dem Verlag geht an Frau Magdalena Frank.

Alphabetisches Verzeichnis der Gedichtanfänge und -überschriften